Stender-Vorwachs
Prüfungstraining Staats- und Verwaltungsrecht
Band 1

Prüfungstraining Staats- und Verwaltungsrecht

Band 1:
Methodik der Fallbearbeitung

von

Dr. Jutta Stender-Vorwachs LL.M.

Rechtsanwältin in Bielefeld

1990
Alfred Metzner Verlag
in der Luchterhand Verlagsgruppe
Neuwied/Frankfurt

CIP-Titelaufnahme der Deutschen Bibliothek

Stender-Vorwachs, Jutta:
Prüfungstraining Staats- und Verwaltungsrecht / von Jutta
Stender-Vorwachs. – Neuwied ; Frankfurt (Main) : Metzner.
  ISBN 3-472-00114-3

Bd. 1. Methodik der Fallbearbeitung. – 1990
  ISBN 3-472-00226-3

© Alfred Metzner Verlag · Frankfurt am Main 1990

Satz: Froitzheim, Bonn
Druck: Wilhelm & Adam, Heusenstamm
Printed in Germany

ISBN 3-472-00226-3

Vorwort

Das „Prüfungstraining Staats- und Verwaltungsrecht" besteht aus zwei aufeinander bezogenen Bänden.

Band 1 beschäftigt sich mit der Methodik der Fallbearbeitung; Band 2 enthält 25 ausgewählte Fälle aus dem öffentlichen Recht, gegliedert in die Abschnitte Staatsorganisation, Grundrechte und Verwaltungsrecht.

Der vorliegende Band 1 bietet zunächst in einem Überblick allgemeine Hinweise zur Technik der Fallösung, verbunden mit dem Aufzeigen typischer Fehler. Sodann wird die Fallbearbeitung jeweils getrennt nach den Bereichen Staatsorganisation, Grundrechte und Verwaltungsrecht dargestellt. Sowohl die in öffentlich-rechtlichen Klausuren und Hausarbeiten möglichen materiell-rechtlichen Problemstellungen als auch die einschlägigen Streitverfahren des Verfassungs- und Verwaltungsrechts werden ausführlich behandelt. Zahlreiche Verweisungen auf die Fälle in Band 2 des Prüfungstrainings ermöglichen es dem Leser, die abstrakten Lösungshinweise am praktischen Fall nachzuvollziehen. Die Darstellung der Fallösungstechnik wird ergänzt durch veranschaulichende Graphiken, Aufbauschemata und Übersichten, die dem Studenten einen Überblick über die jeweilige materiell- oder prozeßrechtliche Problematik geben sollen.

Band 2 ist als Fallsammlung konzipiert. In jedem Fall folgt einer detaillierten Gliederung die ausformulierte Musterlösung. Die Gliederung gibt einen ersten Überblick über die Reihenfolge der Prüfung; die Musterlösung bietet dem Studenten und Examenskandidaten eine Hilfestellung für den Aufbau und die Formulierung seiner Klausuren und Hausarbeiten. Verweisungen auf die Ausführungen zur Fallösungstechnik in Band 1 ermöglichen eine Rückkoppelung der Fälle an die allgemeinen Aufbauhinweise.

So bilden die beiden Bände des Prüfungstrainings eine Einheit. Sowohl Anfänger als auch Examenskandidaten können aus ihr Nutzen ziehen. Für den Anfänger ist empfehlenswert, sich zunächst mit der Methodik der Fallbearbeitung im vorliegenden Band 1 zu beschäftigen und anschließend die Musterlösungen durchzuarbeiten. Fortgeschrittenen Semestern steht mit Band 1 ein ausführliches Nachschlagewerk der Fallbearbeitungsmethodik zur Verfügung; Band 2 bietet ihnen neben einem Überblick über den jeweiligen Lösungsgang anhand der Gliederungen mit den schulmäßigen Fallbearbeitungen einen Leitfaden für die Ausarbeitung eigener Fallösungen.

Bielefeld, im Mai 1990   Jutta Stender-Vorwachs

Inhaltsverzeichnis

Abkürzungsverzeichnis

BauGB	Baugesetzbuch in der Fassung der Bekanntmachung vom 8. Dezember 1986 (BGBl. I S. 2253)
BBG	Bundesbeamtengesetz
BGH	Bundesgerichtshof
BHO	Bundeshaushaltsordnung
BRRG	Beamtenrechtsrahmengesetz
BVerfG	Bundesverfassungsgericht
BVerfGG	Bundesverfassungsgerichtsgesetz
BVerwG	Bundesverwaltungsgericht
bzw.	beziehungsweise
DVBl.	Deutsches Verwaltungsblatt
FN	Fußnote
GeschOBR	Geschäftsordnung des Bundesrates
GeschO-BReg	Geschäftsordnung der Bundesregierung
GeschOBT	Geschäftsordnung des Bundestages
GG	Grundgesetz
JGG	Jugendgerichtsgesetz
KO	Konkursordnung
NJW	Neue Juristische Wochenschrift
OLG	Oberlandesgericht
OVG	Oberverwaltungsgericht
VA	Verwaltungsakt
VereinsG	Vereinsgesetz
VerglO	Vergleichsordnung
Ver-sammlG	Versammlungsgesetz
VGH	Verwaltungsgerichtshof
VwGO	Verwaltungsgerichtsordnung
VwVfG	Verwaltungsverfahrensgesetz
ZPO	Zivilprozeßordnung
ZVG	Gesetz über die Zwangsversteigerung und Zwangsverwaltung vom 24. März 1897 (RGBl. S. 97)

Schrifttumsverzeichnis

Erichsen, Hans Uwe/
Martens, Wolfgang
(Hrsg.). . . . . Allgemeines Verwaltungsrecht, 8. Auflage, Berlin,
New York 1988

Eyermann, Erich/Fröh-
ler, Ludwig . . . . Verwaltungsgerichtsordnung, Kommentar, 8. Auflage 1980

Kopp, Ferdinand O. . . . Verwaltungsgerichtsordnung mit Erläuterungen,
7. Auflage, München 1986

ders. . . . . Verwaltungsverfahrensgesetz, 4. Auflage, München
1986

Schwerdtfeger, Gunther . Öffentliches Recht in der Fallbearbeitung, 8. Auflage, München 1986

Stern, Klaus . . . . Das Staatsrecht der Bundesrepublik Deutschland,
Band 1, 2. Auflage, München 1984

ders. . . . . Verwaltungsprozessuale Probleme in der öffentlich-
rechtlichen Arbeit, 6. Auflage 1987

Tschira, Oskar/Schmitt-
Glaeser, Walter . . . . . Verwaltungsprozeßrecht, 9. Auflage, Stuttgart,
München, Hannover 1988.

Wolff, Hans Julius/Ba-
chof, Otto . . . . Verwaltungsrecht I. Ein Studienbuch, 9. Auflage,
München 1974

B. Technik der Fallösung im Öffentlichen Recht
– Überblick –

Klausuren und Hausarbeiten im Öffentlichen Recht legen dem Studenten einen Sachverhalt vor, der einen bestimmten Geschehensablauf beschreibt und mit einer konkreten Fragestellung endet. Insoweit besteht Übereinstimmung mit den Fällen des Zivil- und Strafrechts.

Die Wege, auf denen öffentlich-rechtliche Fälle einer Lösung zugeführt werden, folgen jedoch besonderen, oft auf den einzelnen Fall zugeschnittenen, je individuellen Denkweisen. Bestimmte Aufbauregeln sind nur begrenzt einsetzbar.

Die Tatsache, daß die Orientierung an einem bestimmten Lösungsschema fehlt, verunsichert nicht nur Anfänger und hindert viele daran, Zugang zum Öffentlichen Recht zu finden.

Es sind daher zunächst einige *Grundbedingungen* für den „Einstieg" in die Fallösung zu nennen, die helfen sollen, den ersten Fehlern bei der Bearbeitung öffentlich-rechtlicher Fälle vorzubeugen: Danach wird der *Lösungsgang* je getrennt nach den Bereichen Verfassungsrecht (Staatsorganisation[1] und Grundrechte[2]) und Verwaltungsrecht[3] dargestellt.

I. Der öffentlich-rechtliche Fall

Der dem Bearbeiter einer Klausur oder Hausarbeit vorgelegte Fall enthält neben der Schilderung eines – fiktiven oder tatsächlichen – Sachverhalts zumeist auch Argumente der beteiligten Parteien. Er kann sich auf ein bestimmtes rechtliches Problem konzentrieren oder aber eine Aufreihung verschiedenster Rechtsfragen umfassen.

Wegen der sehr unterschiedlichen Möglichkeiten des Fallaufbaus und der Schwerpunktsetzung durch den Aufgabensteller ist es im Öffentlichen Recht nicht möglich, für alle Fälle ein übergreifendes Aufbauschema zu entwickeln.

---

1 Unter C., S. 23.
2 Unter D., S. 65.
3 Unter E., S. 99.

Wie in keinem anderen Rechtsgebiet ist daher die Kenntnis des materiellen Rechts grundlegende Voraussetzung für den richtigen Einstieg in die Fallösung und für den folgerichtigen Aufbau. Wer ein *Grundverständnis* für das Verfassungsrecht und das Verwaltungsrecht nicht erworben hat, wird auch kein Verständnis für die jeweils notwendigen Lösungsschritte entwickeln.

Den Blick für den richtigen Lösungsweg verstellt sich auch derjenige Bearbeiter, der den Fall zu unaufmerksam oder flüchtig liest. Jeder Satz des Sachverhalts hat eine Bedeutung für die Fallösung! Es ist stets davon auszugehen, daß sich der Aufgabensteller die Rechtsprobleme des Falles und ihre Einkleidung genau überlegt und nichts Überflüssiges in die Schilderung eingebracht hat. Äußerst wichtig ist also eine *genaue Untersuchung des Sachverhalts*. Für sie sollte sich der Bearbeiter angemessen Zeit lassen, denn die Lösung des Falles ergibt sich gerade im öffentlichen Recht in ihren Grundzügen bereits aus einer präzisen Sachverhaltsaufarbeitung.

Der Bearbeiter hat dabei den Fall als gegeben hinzunehmen. Es ist nicht seine Aufgabe, bestimmte Angaben zu bezweifeln oder gar den Sachverhalt in der Fallösung zu kritisieren. Sachlichkeit ist eines der obersten Gebote bei der Bearbeitung eines juristischen Falles!

1. Notwendigkeit einer Gliederung

Einer ersten vollständigen Durchsicht des Sachverhalts sollte eine *Gliederung* der Aufgabe folgen. Diese richtet sich zuallererst nach der Fragestellung[1]. Enthält sie mehrere Fragen, so besteht grundsätzlich kein Anlaß, diese Fragen etwa umzustellen, miteinander zu verbinden oder anderweitig zu verändern[2].

Ist sie aufgeteilt in einen prozessualen und einen materiell-rechtlichen Teil, ist dieser Aufteilung auch in der Fallösung zu folgen[3].

Die Reihenfolge der Einwendungen der am Fallgeschehen Beteiligten bestimmt nicht den Gang der Fallbearbeitung. Es ist vielmehr die sogenannte konstruktive Methode anzuwenden, das heißt, der Gang der Untersuchung hat sich am Gesetz zu orientieren. Das Vorbringen der Parteien ist also an den Stellen der Lösung einzubringen, an denen es nach den gesetzlichen Vorschriften und ihren Tatbestandsmerkmalen relevant werden kann[4].

---

1   Siehe dazu näher unter II., S. 18.
2   Fall 1, Ziff. I. und II.
3   Fall 2, Ziff. I. und II.
4   Fall 1, im Falltext und Ziff. I.2., I.3. und I.4.

Die öffentlich-rechtliche Fallösung wird oft dadurch kompliziert, daß einerseits sowohl die Zulässigkeit als auch die Begründetheit einer verfassungs- oder verwaltungsrechtlichen Klage zur Prüfung ansteht, andererseits das zuständige Gericht von verschiedenen Personen oder Personengruppen angerufen wird. Es gibt in diesen Fällen zwei Möglichkeiten, die Fallösung zu gliedern. Entweder unterteilt der Bearbeiter den Fall in einen prozeßrechtlichen und einen materiellrechtlichen Teil, um dann die Anträge der einzelnen Antragsteller bzw. Kläger getrennt unter jedem Prüfungsteil zu untersuchen, oder der Bearbeiter richtet die Gliederung seiner Fallbearbeitung nach den einzelnen Antragstellern oder Klägern. Derjenige, der das Gutachten liest, ist daran interessiert, welche Entscheidung das Gericht im jeweiligen Streitverfahren eines Antragstellers oder Klägers fällt. Daher empfiehlt es sich, den an zweiter Stelle genannten Aufbau zu wählen[5].

Die erste grobe Gliederung muß auch stets beachten, daß es sich bei der Fallösung um ein Gutachten handelt. In einem öffentlich-rechtlichen Gutachten sind alle rechtlichen Bedenken gegen eine staatliche Maßnahme zu überprüfen. Dies gilt unabhängig davon, ob sie von den am Fallgeschehen Beteiligten erwähnt werden! Insbesondere ist es erforderlich, auch bei festgestellter Unzulässigkeit eines Rechtsbehelfs die Begründetheit in einem Hilfsgutachten zu prüfen[6].

2. Methoden zur Verdeutlichung der Rechtsprobleme

Einer ersten groben Gliederung folgt eine vertiefte Lektüre des Sachverhalts.
a) Dabei werden die Beteiligten und ihre Anträge, deren Einwendungen und sonstige für die Problemlösung als wesentlich beurteilte Gesichtspunkte im Text verschieden, auch mit unterschiedlichen Farben gekennzeichnet oder auf einem besonderen Blatt vermerkt. Skizzen, wie sie im Zivilrecht zur Darstellung von Rechtsbeziehungen zwischen den Beteiligten Verwendung finden, sind im Öffentlichen Recht nur dann von Nutzen, wenn es um öffentlich-rechtliche Ansprüche[7] geht.

b) Daten werden gesondert vermerkt. Sie können vor allem bei der Prüfung der Frist zur Einlegung eines Rechtsbehelfs Bedeutung gewinnen.

---

5 Fall 9, Ziff. I., II. und III.
6 Fall 16, Ziff. II.
7 auf Erlaß eines Verwaltungsaktes oder in Gleichordnungsverhältnissen zwischen Bürger und Staat.

c) Bei dem Vorbringen von Rechtsstandspunkten durch die Beteiligten ist stets zu beachten, daß es nur als Anhaltspunkt für die Problemlösung dienen kann. Oft wird der Aufgabensteller in ihm einen Hinweis auf relevante Rechtsfragen verbergen. Diese sind dann aber allein auf der Grundlage von Gesetz und Recht zu lösen.

d) Ein sehr verbreiteter Fehler schon bei der Vorbereitung der Fallbearbeitung liegt darin, daß nach einer ersten Durchsicht Parallelen zu einem dem Bearbeiter bekannten, ähnlichen Fall gezogen werden. Auf diese Weise schwindet die Konzentration auf die Details der vorgelegten Aufgabe mit der Gefahr, an der richtigen Lösung vorbei zu argumentieren.
Daher sollte man sich stets in den gestellten Fall einlesen und alle Gedanken an ähnlich gelagerte Sachverhalte beiseiteschieben!

e) Oft lassen sich alle Lösungsschritte nicht schon nach Durcharbeit des Sachverhalts bestimmen. Die rechtliche Relevanz bestimmter Fallangaben wird zum Teil erst bei der Subsumtion unter die gesetzlichen Vorgaben erkennbar. Deshalb ist der Sachverhalt nicht nur bei der Vorbereitung der Fallösung, sondern auch während ihrer Ausarbeitung stets im Auge zu behalten.

II. Die Fragestellung

Vor einer ersten Gliederung des Falles ist unbedingt die Fragestellung genauestens zu beachten. Sie allein bedingt den Aufbau der Fallösung.

1. Folgende Konstellationen sind denkbar:

a) Es wird eine bestimmte Rechtsfrage angesprochen.

Beispiele:

– Ist die Auffassung, das allgemeine Persönlichkeitsrecht aus Art. 2 Abs. 1 GG sei verletzt, zutreffend?[1]

– Gibt es einen Weg, auf dem der Beteiligte seine Ansicht gerichtlich durchsetzen könnte?[2]

1   Fall 15, im Falltext.
2   Fall 18, im Falltext.

Der Bearbeiter muß sich an dieser Fragestellung orientieren. Auch der Reihenfolge mehrerer konkreter Fragestellungen sollte er in der Fallösung folgen.

b) Die Fragestellung ist allgemein gehalten.

Beispiele:

- Die formelle und materielle Rechtslage ist gutachtlich zu klären.[3]
- Hat der Rechtsbehelf Aussicht auf Erfolg?[4]
- Ist die Klage zulässig und begründet?[5]
- Wie wird das Gericht entscheiden?[6]
- Wie ist die Rechtslage?[7]

Bei diesen Fragestellungen muß zunächst der Sachverhalt genau durchgesehen werden, ehe ein Verständnis für die Fragen entwickelt werden kann.

Ihnen gemeinsam ist, daß sie nach prozessualen und materiellen Rechten fragen. Es ist also in der Fallbearbeitung sowohl die Zulässigkeit als auch die Begründetheit eines Rechtsbehelfs zu prüfen.

Wichtig ist es, die Lösung des Falles mit Zielstrebigkeit zu verfolgen. Das bedeutet: Nur die wirklich relevanten Punkte, die zur Fallösung führen, sind zu behandeln. Die Erörterung darüber hinausgehender Rechtsprobleme, und seien sie auch noch so interessant, schadet dem Bearbeiter nur.

2. Aus der Reihenfolge der Fragestellung ergibt sich ein erster Anhaltspunkt für die Gliederung der Fallösung.

Tragen mehrere Personen Begehren vor, sind diese in eine bestimmte Prüfungsreihenfolge einzugliedern. Sie richtet sich nach reinen Zweckmäßigkeitserwägungen.

Es ist also von der jeweiligen Fallgestaltung abhängig, welche einen Antrag stellende oder ein Begehren vorbringende Person an welcher Stelle der Fallösung auf die Erfolgsaussichten ihrer Einwände hin überprüft wird.

---

3 Fall 3, im Falltext.
4 Fall 11, im Falltext
5 Fall 19, im Falltext.
6 Fall 13, im Falltext.
7 Fall 24 b, im Falltext.

19

Unabhängig von der Zahl der Antragsteller oder Kläger gibt die Frage am Ende des Falles bereits einen Hinweis auf den geforderten Umfang der Fallbearbeitung: Ist nur die Lösung eines materiell-rechtlichen Problems gefragt oder sind auch eventuelle Rechtsbehelfe zu erörtern?

Hier können Schemata zu den Voraussetzungen der Zulässigkeit und der Begründetheit eines öffentlich-rechtlichen Rechtsbehelfs von Nutzen sein[8]. Im Bereich der Zulässigkeitsprüfung bilden sie zuverlässige Stützen. Bei der Prüfung der Begründetheit beziehungsweise im materiellrechtlichen Teil der Prüfung gibt es weitere allgemeine Gliederungshilfen[9].

3. So besteht die Möglichkeit, den Sachverhalt in verschiedene Geschehenskomplexe aufzuteilen, die dann je einzeln auf ihren materiell-rechtlichen Gehalt hin zu überprüfen sind.

Beispiel:

Der Anordnung eines Verwaltungsakts folgt der Verwaltungsakt selbst. Hier sind Anordnung und Verwaltungsakt gesondert auf ihre Rechtmäßigkeit hin zu untersuchen[10].

Es ist weiterhin denkbar, daß verschiedene Rügen eines Antragstellers oder Klägers im Fall erhoben werden. Sie sind nebeneinander und möglichst in der im Fall angegebenen Reihenfolge zu prüfen.

Beispiele:

Der Beschwerdeführer einer Verfassungsbeschwerde nach Art. 90 Abs. 1 Nr. 4 a GG rügt die Verletzung mehrerer Grundrechte durch eine hoheitliche Maßnahme[11].

Der Kläger begehrt Aufhebung zweier aufeinander folgender Verwaltungsakte[12].

Für die Prüfungsreihenfolge gibt es keine starren Regeln.

Ist sie durch den Aufgabensteller in der Frage nicht festgelegt, so ergibt sie sich häufig aus dem Aufbau des Sachverhalts. Er wird meist ein chronologisches Vorgehen nahelegen.

---

8 Siehe zu diesem Thema unten unter IV., S. 21
9 Zu den Falltypen-spezifischen Aufbauvorschlägen siehe unter C. III., S. 45; D. II., S. 77; E. III., S. 102, E. IV., S. 119, E. V., S. 122.
10 Fall 22, Ziff. I.2 und II.2.
11 Fall 17, Ziff. II.1., II.2., II.3., und II.4.
12 Fall 19, Ziff. I.2. und II.2.

III. Prozessualer und materiell-rechtlicher Teil der Fallösung

Sehr viele Fälle des Öffentlichen Rechts verlangen eine Behandlung sowohl prozeßrechtlicher als auch materiell-rechtlicher Probleme.

Diese Tatsache ist für den Studenten, der sich zunächst mit dem Zivil- und Strafrecht beschäftigt hat und von daher nur Aufgabenstellungen des materiellen Rechts kennt, ungewohnt und abschreckend.

Jedoch läßt sich schnell eine gewisse Sicherheit in der Bewältigung öffentlich-rechtlicher Klausuren und Hausarbeiten entwickeln, wenn das Wissen über die möglichen Rechtsbehelfe und ihren lösungstechnischen Aufbau erworben ist. Sie bilden Orientierungspunkte für die Einordnung des Falles. Ihre Wahl richtet sich nach dem Begehren der Beteiligten.

Ist der richtige Rechtsbehelf gefunden, so richtet sich danach auch der Gang der Prüfung materiellen Rechts[1].

IV. Ausrichtung der Fallösung an bestimmten Aufbauschemata

Sinn, Nutzen und Wirkungen von Fallösungshilfen in Form von Aufbauschemata sind umstritten[2].

Sicherlich darf ihnen nicht unkritisch und für jeden Fall routinemäßig gefolgt werden. Auch dürfen sie erst angewandt werden, wenn das Ziel des rechtlichen Begehrens präzise aus dem Sachverhalt herausgearbeitet worden ist.
Jeder Punkt des Schemas ist zunächst daraufhin zu untersuchen, ob er für den vorgelegten Fall von Bedeutung ist. Enthält die Aufgabe zu einem Punkt keine Angaben, sind einzelne Punkte unzweifelhaft oder erscheint ihre Behandlung als unwesentlich, so sind sie in der Fallösung nicht zu erwähnen.

Überflüssige Ausführungen eines Bearbeiters drücken stets das Ergebnis!

Deutlich muß herausgestellt werden:
Das Aufbauschema ist *kein* Mittel zu einer garantiert richtigen Fallösung. Es kann nicht auf jeden Einzelfall zugeschnitten sein. Es vermittelt lediglich – jedoch mit Erfolg – Anhaltspunkte und Erinnerungsstützen für eine logische Prüfungsreihenfolge. Behält der Bearbeiter im Auge, daß jeder einzelne Fall

---

1 Die verschiedenen Rechtsbehelfe und Begründetheitsprüfungen im Verfassungs- und Verwaltungsrecht werden unter C., D. und E. ausführlich dargestellt.
2 Siehe für viele Schwerdtfeger, Öffentliches Recht in der Fallbearbeitung, S. 5 ff.

ein Weglassen, Ergänzen, Aufarbeiten oder auch Hinzufügen von Prüfungs-
punkten bedingt, und folgt er auch dieser Erkenntnis, so kann ihm ein Schema
eine wertvolle Unterstützung sein und Zeit bei der Bearbeitung des Falles ein-
sparen helfen.

V. Orientierung der Fallösung an kategorisierten Problemstellungen

Es gibt sowohl im Verfassungs- als auch im Verwaltungsrecht bestimmte Problemstellungen, die in den Grundzügen immer wieder Gegenstand öffentlich-
rechtlicher Aufgaben sind. Für diese Fallarten lassen sich entsprechende Aufbauhinweise und auch Schemata entwickeln, die einer Anwendung in der oben
unter IV. beschriebenen Art und Weise bedürfen.

Im Verfassungsrecht sind fünf verschiedene Problemstellungen zu kategorisie-
ren und einer je eigenen Lösung zuzuführen. Es sind diese:
1. die Verfassungsmäßigkeit von Rechtsnormen;
2. die Rechte und Bindungen von Staatsorganen;
3. die innere Organisation der Staatsorgane;
4. das Verhältnis von Bund, Ländern und Gemeinden und
5. die Verletzung von Grundrechten.

Im Verwaltungsrecht kreisen die rechtlichen Probleme typischerweise um
6. einseitig begründete Verwaltungsrechtsverhältnisse;
7. zwei- oder mehrseitig begründete Verwaltungsrechtsverhältnisse;
8. privatrechtliche Rechtsverhältnisse zwischen öffentlicher Verwaltung und
   Bürger.

An den genannten typischen Problemstellungen orientieren sich die folgenden
Ausführungen zur Technik der Fallbearbeitung im Verfassungs- und Verwaltungsrecht.

C. Technik der Fallösung im Verfassungsrecht
– Staatsorganisation –

Die Organisation des Staates ist Gegenstand öffentlich-rechtlicher Aufgaben-stellungen vorwiegend im Rahmen der unter B.V. 1. bis 4. aufgeführten Rechts-fragen.

Sie werden daher im folgenden aufgegriffen und zunächst in allgemeiner Form daraufhin untersucht, in welchen prozessualen Verfahrensarten sie überprüft werden können. Danach wird jeweils die materielle Prüfung in ihren Grundzü-gen dargestellt. (I.)

Im Anschluß an diesen Überblick sollen die einzelnen Lösungsschritte in Dar-stellungen zu den Zulässigkeitsvoraussetzungen der einzelnen Streitverfahren sowie in der Aufarbeitung materiell-rechtlicher Probleme verdeutlicht werden. (II. und III.).

I. Problemstellungen des Staatsorganisationsrechts

1. Verfassungsmäßigkeit von Rechtsnormen

Die Frage, ob eine Rechtsnorm, also ein formelles Gesetz, eine Rechtsverord-nung oder eine Satzung, mit dem Grundgesetz vereinbar ist, kann auf sehr unterschiedliche Weise zur gerichtlichen Entscheidung gelangen.

a) Folgende Möglichkeiten sind denkbar:

aa) Die Verfassungsmäßigkeit einer Rechtsnorm wird im Wege der abstrakten Normenkontrolle nach Art. 93 Abs. 1 Nr. 2 GG, §§ 13 Nr. 6, 76ff. BVerfGG dem Bundesverfassungsgericht vorgelegt[1].

bb) Eine Privatperson erhebt Verfassungsbeschwerde zum Bundesverfassungs-gericht gemäß Art. 93 Abs. 1 Nr. 4a GG, §§ 13 Nr. 8a, 90ff. BVerfGG wegen einer behaupteten Grundrechtsverletzung durch eine Rechtsnorm[2].

---

1 Fall 3, Ziff. I.
2 Fall 16, im Falltext und Gutachten

cc) Die Überprüfung einer Rechtsnorm im Verfahren der konkreten Normen-kontrolle nach Art. 100 Abs. 1 GG, §§ 13 Nr. 11, 80 ff. BVerfGG ist möglich, wenn in einem Verfahren vor einem ordentlichen Gericht die Entscheidung von der Gültigkeit der Norm abhängt und das Gericht von ihrer Verfassungswidrig-keit überzeugt ist[3].

dd) Die unter c) genannte Möglichkeit setzt voraus, daß im verwaltungsgericht-lichen Verfahren eine Rechtsnorm als Ermächtigungsgrundlage für eine behördliche Maßnahme inzidenter zur Überprüfung gelangen kann.

ee) Untergesetzliche Normen, also Rechtsverordnungen und Satzungen, wer-den gemäß § 47 Abs. 1 VwGO im Normenkontrollverfahren vor dem Oberver-waltungsgericht geprüft. Diese Möglichkeit besteht in bezug auf Satzungen auf-grund des Baugesetzbuches und Rechtsverordnungen aufgrund dessen § 246 Abs. 2 in allen Bundesländern (§ 47 Abs. 1 Nr. 1 VwGO) und in bezug auf andere Satzungen und Rechtsverordnungen in denjenigen Ländern, die von der Option des § 47 Abs. 1 Nr. 2 VwGO Gebrauch gemacht haben[4].

b) Die materiell-rechtliche Prüfung der Verfassungsmäßigkeit von Rechtsnormen wird in ihren Grundzügen wie folgt durchgeführt:

(1) Rechtsnatur der Norm.
Es muß zunächst herausgearbeitet werden, ob es sich bei der zu prüfenden Rechtsnorm um ein förmliches Gesetz, eine Rechtsverordnung oder eine Sat-zung handelt.

(2) Gültigkeit der Norm
Die gestellten Aufgaben fragen stets nach der Rechtsgültigkeit der betroffenen Norm. Diese ist gegeben, wenn die Vorschrift formell und materiell rechtmäßig ist.

(a) Formelle Rechtmäßigkeit bedeutet

– Zuständigkeit der rechtssetzenden Instanz (Gesetzgeber, Verordnungsge-ber, Satzungsgeber) zum Normerlaß;

– Gesetzmäßiges Rechtssetzungsverfahren.

(b) Materielle Rechtmäßigkeit bedeutet Vereinbarkeit der Norm mit höherran-gigem Recht.

---

3 Fall 1, Ziff. II.1.
4 Baden-Württemberg, Bayern, Bremen, Hessen und Schleswig-Holstein.

2. Rechte und Bindungen von Staatsorganen

Das einschlägige Streitverfahren, in dem über bestimmte Befugnisse oder Verpflichtungen von Verfassungsorganen entschieden wird, ist die Organklage oder das Organstreitverfahren nach Art. 93 Abs. 1 Nr. 1 GG, §§ 13 Nr. 5, 63 ff. BVerfGG[5].

Die materiellrechtliche Prüfung im Organstreit umfaßt

(1.) die Rechtsnatur der Maßnahme oder des Unterlassens eines Verfassungsorgans;

(2.) den Verstoß dieses Vorgehens gegen Rechtssätze des Grundgesetzes oder allgemeine Verfassungsgrundsätze, die Rechte oder Pflichten eines anderen Staatsorgans begründen.

Die Stellung der Verfassungsorgane wird in deren Geschäftsordnungen konkretisiert. Aus ihnen lassen sich daher wichtige Hilfen für die Interpretation von Rechten und Bindungen der Organe und ihrer Teile entnehmen.

3. Innere Organisation der Staatsorgane

Einschlägiger Rechtsbehelf ist wiederum die Organklage gemäß Art. 93 Abs. 1 Nr. 1 GG, §§ 13 Nr. 5, 63 ff. BVerfGG.

Die Prüfung des materiellen Rechts orientiert sich an den folgenden Punkten:

(1.) Rechtsnatur der Maßnahme oder des Unterlassens eines Verfassungsorgans oder Organteils gegenüber einem Organmitglied.

(2.) Verfassungsrechtliche Stellung des Organmitglieds.

Neben Vorschriften des Grundgesetzes enthalten auch einfachgesetzliche Normen und Geschäftsordnungen der Verfassungsorgane Bestimmungen über die rechtliche Stellung von Organmitgliedern. Beispiele sind etwa das Bundeswahlgesetz, die Bundeswahlordnung und die Geschäftsordnungen des Bundestages[6], des Bundesrates und der Bundesregierung.

(3.) Verfassungsmäßigkeit des Eingriffs in die Rechtsstellung des Organmitglieds.

---

5 Fall 8, Ziff. I, Fall 9, Ziff. I.1., II.1.
6 Siehe Fall 8, Ziff. I.3.2. und Fall 9, Ziff. I.2.1.1.

Die Prüfung dieses Punktes erfordert eine Abwägung zwischen den verfassungs-
mäßig garantierten Rechten des Organmitglieds und den in der Verfassung verankerten Rechten, die die Grundlage des Eingriffs darstellen. Bei der Abwägung ist der Grundsatz der Verhältnismäßigkeit mit seinen Komponenten
Geeignetheit, Erforderlichkeit und Verhältnismäßigkeit i. e. S. zu beachten[7].

4. Verhältnis von Bund und Ländern

Streitigkeiten zwischen Bund und Ländern können entstehen über

Rechte (z. B. Art. 77 Abs. 2–4 GG) und Pflichten (insbesondere Art. 84 Abs. 3
und 4 GG) der Länder gegenüber dem Bund und über

Rechte und Pflichten des Bundes gegenüber den Ländern.

Das zu prüfende Streitverfahren in den genannten Fällen ist zumeist der Bund-
Länder-Streit gemäß Art. 93 Abs. 1 Nr. 3 GG §§ 13 Nr. 7, 68ff. BVerfGG.

In der materiell-rechtlichen Prüfung sind die folgenden beiden Punkte zu untersuchen:

(1) Maßnahme oder Unterlassen des Bundes oder eines Landes.

(2) Verletzung oder unmittelbare Gefährdung verfassungsrechtlicher Rechte
und Pflichten des Bundes oder eines Landes.

Die unter 1. bis 4. aufgezeigten Problemstellungen sind typischerweise Gegenstand staatsorganisationsrechtlicher Fallaufgaben. Der vorgelegte Überblick
über ihre Bearbeitung soll eine erste Orientierung bei der Fallösung geben.
Im folgenden wird vertiefend auf die angesprochenen Verfahrensarten und
Begründetheitsprüfungen eingegangen.

II. Einschlägige Streitverfahren in staatsorganisationsrechtlichen Fällen

Erwähnt worden sind unter I. bereits vier Verfahren vor dem Bundesverfassungsgericht: Abstrakte Normenkontrolle, konkrete Normenkontrolle, Organklage und Bund-Länder-Streit.

7   Dazu näher unten unter D. II. 2. a) (2.) Exkurs, S. 82.

Die nachfolgenden, teils stichwortartig formulierten Aufbauhinweise zu diesen Streitverfahren sollen dem Bearbeiter eines Falles aus dem Staatsorganisationsrecht Anhaltspunkte für seine Fallösung bieten. Sie sind als Leitfaden insbesondere für die *Zulässigkeitsprüfung* gedacht.

1. Abstrakte Normenkontrolle (Art. 93 Abs. 1 Nr. 2 GG, §§ 13 Nr. 6, 76 ff. BVerfGG)

a) Überblick über die Prüfung

→ Objektives Beanstandungsverfahren
   (↔ Rechtsschutzverfahren: Verfassungsbeschwerde, Organstreit, Anfechtungsklage, Verpflichtungsklage.
   Kennzeichend → Anspruchsberechtigter.
   Rüge der Verletzung eines subj. Rechts.)

→ Der Antrag steht nicht zur Disposition des Antragstellers. (Er kann nicht zurückgenommen werden.)

(1) Zulässigkeit
(1.1.) Zulässiger Gegenstand: Bundesrecht, Landesrecht
(1.2.) Zulässiger Maßstab: Grundgesetz, Bundesrecht (nur für Landesrecht)
(1.3.) Befugter Antragsteller: – Bundesregierung,
                                      – Landesregierung,
                                      – ⅓ der Mitglieder des Bundestages
(1.4.) Zweifel, Meinungsverschiedenheiten

(2) Begründetheit
Die abstrakte Normenkontrolle ist begründet, wenn
– Bundesrecht oder Landesrecht mit dem Grundgesetz oder
– Landesrecht mit einfachem Bundesrecht
  formell oder materiell unvereinbar ist.

Entscheidung gemäß § 78 BVerfGG
→ Nichtigkeit.
→ Unvereinbarkeit mit dem Grundgesetz.
→ Vereinbarkeit mit dem Grundgesetz.
→ Unvereinbarkeit der Auslegung einer Norm mit dem Grundgesetz.

Wirkung der Entscheidung
§ 31 Abs. 1 BVerfGG: Bindung von Verfassungsorganen, Gerichten, Behörden.
§ 31 Abs. 2 BVerfGG: Gesetzeskraft.

b) Prüfung im einzelnen

(1) Zulässigkeit

(1.1.) Zulässiger Gegenstand
Bundesrecht und Landesrecht.

(1.1.1.) bereits in Kraft gesetzt (Art. 78, 82 GG).
Ausnahme → Zustimmungsgesetze zu Staatsverträgen sind überprüfbar, wenn sie nach Art. 78 GG zustandegekommen, aber noch nicht verkündet sind.

(1.1.2.) Recht jeden Ranges:
Formelle Gesetze.
Rechtsverordnungen.
Satzungen.
Rechtssätze mit Verfassungsrang.
Grundgesetzändernde Gesetze (sekundäres Verfassungsrecht).

(1.2.3.) Vor- und nachkonstitutionelles Recht.

(1.2.) Zulässiger Maßstab

Beachte: Das höherrangige Recht ist nur dann zulässiger Prüfungsmaßstab, wenn es
– den gleichen Gegenstand behandelt wie das niederrangige Recht;
– vollgültig ist (formell und materiell).

(1.3.) Befugter Antragsteller (Art. 93 Abs. 1 Nr. 2, § 76 BVerfGG)
(1.3.1.) Bundesregierung
(1.3.2.) Landesregierung
(1.3.3.) ⅓ der Mitglieder des Bundestages

(1.4.) Inhalt des Antrags (§ 76 BVerfGG)
Nr. 1: Geltendmachung der Nichtigkeit einer Norm wegen Unvereinbarkeit (förmlicher oder sachlicher) mit dem Grundgesetz oder sonstigem Bundesrecht.

Nr. 2: Geltendmachung der Gültigkeit nach Nichtanwendung der Norm als unvereinbar mit dem Grundgesetz oder sonstigem Bundesrecht durch ein Gericht, eine Verwaltungsbehörde oder ein Organ des Bundes oder eines Landes.
Nichtanwendung liegt nicht vor, wenn ein Gericht ein Gesetz nach

Art. 100 Abs. 1 GG dem Bundesverfassungsgericht oder einem Landesverfassungsgericht vorgelegt hat. → Dem Gericht fehlt die Zuständigkeit zur Nichtanwendung!

(1.5.) **Zweifel, Meinungsverschiedenheiten**

(2) **Begründetheit**
Wenn
(2.1.) Bundesrecht oder Landesrecht mit Grundgesetz,
(2.2.) Landesrecht mit sonstigem Bundesrecht
formell oder sachlich unvereinbar ist.

(3) **Entscheidung**
(3.1.) Nichtigerklärung (§ 78 S. 1 BVerfGG).
Zeitpunkt der Nichtigkeit: Keine Regelung im Bundesverfassungsgerichtsgesetz. Das Bundesverfassungsgericht entscheidet im Einzelfall. Grundsätzlich wird ex tunc für nichtig erklärt.
(3.2.) Erklärung als unvereinbar mit dem Grundgesetz.
(3.3.) Erklärung als unvereinbar mit dem Grundgesetz, verbunden mit der Aufforderung an den Gesetzgeber, das beanstandete Recht baldmöglichst zu ändern (Appell-Entscheidung).

Die Frage, ob die Gerichte ein solches verfassungswidriges Gesetz als gültig anwenden müssen, ist mit ja zu beantworten. Eine Aussetzung des Verfahrens nach Art. 100 Abs. 1 GG kommt nicht in Betracht, weil das Bundesverfassungsgericht die Verfassungswidrigkeit des Gesetzes bereits festgestellt hat.

(3.4.) Erklärung der Unvereinbarkeit der Auslegung einer Norm mit dem Grundgesetz.

Es handelt sich um eine verfassungskonforme Auslegung durch das Bundesverfassungsgericht. Die gesetzgeberische Entscheidung muß dabei stets beachtet werden.

(3.5.) **Sonderfälle**
(3.5.1.) Unterlassen des Gesetzgebers
→ Keine Nichtigerklärung.
→ Nur Feststellung der Verfassungswidrigkeit.
(3.5.2.) Belastungen durch Gesetz
→ Nichtigerklärung, wenn die Ungültigkeit der Vorschrift dem Gesetzgeber jede andere Regelungsmöglichkeit offenläßt.

(3.5.3.) Begünstigungen durch Gesetz.

Wahlrecht des
Bundesverfassungs-
gerichts

→ Nichtigerklärung, wenn dadurch nicht ein Zustand geschaffen wird, der der verfassungsmäßigen Rechtsordnung noch weniger entspricht als die angegriffene Rechtsnorm.

→ Erklärung der Unvereinbarkeit mit dem Grundgesetz.

(3.5.4.) Verstöße gegen Art. 3 Abs. 1 GG

→ Nichtigerklärung der gegen Art. 3 Abs. 1 GG verstoßenden Regelung erfolgt grundsätzlich nicht. Ausnahme: Der Gesetzgeber hätte bei Kenntnis der Verfassungswidrigkeit die Regelung aufheben müssen.

→ Teil-Nichtigerklärung erfolgt ebenfalls grundsätzlich nicht. Ausnahme: Es kann mit Sicherheit angenommen werden, daß der Gesetzgeber bei Beachtung des Art. 3 Abs. 1 GG die verbleibende Normfassung gewählt hätte.

(4) Wirkung der Entscheidung
(4.1.)   § 79 BVerfGG
(4.2.)   § 31 Abs. 1 BVerfGG: Bindung aller Gewalten durch die Entscheidungsformel und die tragenden Gründe.
            § 31 Abs. 2 BVerfGG: Gesetzeskraft der Entscheidungsformel.

2. Konkrete Normenkontrolle (Vorlageverfahren) (Art. 100 Abs. 1 GG, §§ 13 Nr. 11, 80 ff. BVerfGG)

a) Überblick über die Prüfung

(1) Zulässigkeit
(1.1.)   Gegenstand der Vorlagepflicht (Art. 100 Abs. 1 GG).
(1.2.)   Prüfungsmaßstab (Art. 100 Abs. 1 GG).
(1.3.)   Subjekt der Vorlagepflicht (Art. 100 Abs. 1 S. 1 GG, § 80 Abs. 1 BVerfGG).
(1.4.)   Entscheidungserheblichkeit (Art. 100 Abs. 1 S. 1 GG, § 80 Abs. 3 BVerfGG) des Gesetzes.
(1.5.)   Überzeugung des vorlegenden (Art. 100 Abs. 1 GG) Gerichts
            1. von der Ungültigkeit der Norm;
            2. von der Entscheidungserheblichkeit der Norm.
(1.6.)   Vorlagebeschluß (Art. 100 Abs. 1 GG, § 80 Abs. 1 BVerfGG)
(1.7.)   Objekt der Vorlage (Art. 100 Abs. 1 GG, § 80 Abs. 1 BVerfGG).

(2)   Begründetheit

b) Grundsätzliches zu Art. 100 Abs. 1 GG, §§ 13 Nr. 11, 80 ff. BVerfGG

Zur Zeit der Weimarer Verfassung bestand ein umfassendes **richterliches Prüfungsrecht**, d. h. ein Recht des Richters, Rechtsnormen im gerichtlichen Verfahren am Maßstab höherrangigen Rechts zu prüfen.

Das Grundgesetz dagegen

(1.)	setzt ein richterliches Prüfungsrecht voraus, wie sich ergibt aus:
(1.1.)	Art. 97 Abs. 1: Bindung des Richters an das Gesetz;
(1.2.)	Art. 1 Abs. 3, 20 Abs. 3: Bindung der Gesetzgebung, die der Richter bei Anwendung der Gesetze beachten **muß**; (Kontrollfunktion der dritten Gewalt; Ausfluß der Gewaltenhemmung zum Zweck rechtsstaatlicher Absicherung der Funktion des Parlaments);
(2.)	monopolisiert das **Verwerfungsrecht** nach Art. 100 Abs. 1 GG beim Bundesverfassungsgericht
(2.1.)	zur Vermeidung eines aufgesplitteten Prüfungsrechts;
(2.2.)	zur Wahrung der Einheitlichkeit der Rechtsprechung;
(2.3.)	zur Wahrung der Autorität des Gesetzgebers.

Daraus folgt:

→   Recht und Pflicht des Richters zur Prüfung.

→   Führt diese Prüfung zur Normgültigkeit: Recht zur Anwendung.

→   Führt diese Prüfung zur Normungültigkeit: Art. 100 Abs. 1 GG.

§§ 13 Nr. 11, 80–82 BVerfGG haben gegenüber Art. 100 Abs. 1 GG nur Ausführungs- und Auslegungscharakter.

Art. 100 Abs. 1 GG enthält nur die **Zulässigkeits**voraussetzungen der konkreten Normenkontrolle.

c) Prüfung im einzelnen

(1)	**Zulässigkeit**
(1.1.)	**Gegenstand der Vorlagepflicht (Art. 100 Abs. 1 GG): Gesetz**
(1.1.1.)	**Förmliches** Gesetz[1]

---

1   BVerfGE 1, 206 (262).

→   nicht ableitbar aus dem Grundgesetz (hier unterschiedlicher Sinn des Begriffes „Gesetz" je nach Zusammenhang)

→   Arg.: Notwendigkeit einer monopolisierten Verwerfungskompetenz besteht nur bei förmlichen Gesetzen (zwecks Wahrung von Rechtssicherheit und Rechtseinheit).

→   Arg.: Umfangreiche Zuständigkeit des Bundesverfassungsgerichts. Bedürfnis der Beschränkung seiner Rolle im Normenkontrollverfahren auf für das Verfahren grundlegende Entscheidungen.

(1.1.2.)   Ordnungsgemäß ausgefertigt und verkündet (Art. 82 GG).

→   Entscheidungserheblich kann nur ein **verkündetes** Gesetz sein.

Es bestehen vier Möglichkeiten:

(1.1.2.1.) Das Gesetz ist noch nicht im → Nicht-Gesetz:
Parlament verabschiedet. Art. 100 GG ist nicht an-
Der Bundespräsident fertigt wendbar.
aus.
Verkündigung.

(1.1.2.2.) Das Gesetz ist verabschiedet. → Nicht-Gesetz:
Der Bundespräsident hat noch Art. 100 GG ist nicht an-
nicht ausgefertigt. wendbar.
Verkündigung.

(1.1.2.3.) Das Gesetz ist verabschiedet. → Gesetz, das nicht entschei-
Der Bundespräsident hat aus- dungserheblich ist:
gefertigt. Art. 100 GG greift nicht ein.
Keine Verkündigung bzw.
Fehler bei der Verkündigung.

(1.1.2.4.) Das Gesetz ist verabschiedet, → Nichtiges-Gesetz:
aber es liegt ein Fehler im Ge- Art. 100 GG findet Anwen-
setzgebungsverfahren vor. dung.
(z.B. Fehlen der Zustimmung
des Bundesrates).
Der Bundespräsident hat ausgefertigt.
Verkündigung.

(1.1.3.)   Grundgesetz, Landesverfassungen, Bundesgesetze, Landesgesetze, Vertragsgesetze.

(1.1.4.)   **Nachkonstitutionelles Gesetz**

Das Gesetz muß unter der Herrschaft des GG erlassen worden sein:
Art. 145 Abs. 2 GG → nach dem 25. Mai 1949
(Autoritätswahrung des Gesetzgebers).

Es muß zu einer Kollision mit höherrangigem Recht führen, darf also nicht bereits durch den Satz „lex posterior derogat legi priori" gebrochen sein.

Über die lex prior kann sich der Richter in eigener Zuständigkeit hinwegsetzen.

→ Unvereinbarkeit eines Landesgesetzes oder Bundesgesetzes mit einer späteren Grundgesetznorm
→ Art. 100 GG ist nicht anwendbar.

→ Unvereinbarkeit eines Landesgesetzes mit einem späteren Bundesgesetz (auf dessen Rang es nicht ankommt)
→ Art. 100 GG ist nicht anwendbar.

→ Unvereinbarkeit **vor**konstitutionellen Rechts mit dem Grundgesetz oder einem Bundesgesetz. (Auf den Rang des vorkonstitutionellen Rechts kommt es nicht an.)
→ Art. 100 GG ist nicht anwendbar.

Ausnahme: Der nachkonstitutionelle Gesetzgeber hat eine vorkonstitutionelle Norm „in seinen Willen aufgenommen".

Fälle der Aufnahme vorkonstitutioneller Gesetze in den Willen des nachkonstitutionellen Gesetzgebers:

Hypothetischer Aufnahmewille	Der Wortlaut wird nicht geändert, aber im Gesetzgebungsverfahren wird er eingehend erörtert und eine Änderung ausdrücklich abgelehnt.[2]
Objektivierter kundgetaner Betätigungswille	– Die alte Norm wird als Gesetz neu verkündet. – Die neue Norm verweist auf die alte. – Der nachkonstitutionelle Gesetzgeber ändert durchgreifend ein begrenztes und überschaubares Rechtsgebiet, und aus dem engen Zusammenhang zwischen der alten Vorschrift und den geänderten Normen ist offensichtlich, daß der Gesetzgeber die alte Vorschrift nicht ungeprüft übernommen haben kann.

(1.2.) Prüfungsmaßstab (Art. 100 Abs. 1 GG)

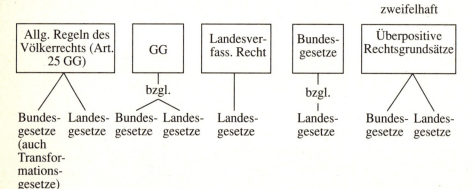

Kein Prüfungsmaßstab:

> Menschenrechtskonvention,
> Besatzungsrecht,
> Verfassungsgewohnheitsrecht
> (wenn es nicht zu den Grundprinzipien der Verfassung gehört),
> früheres Verfassungsrecht
> (Ausnahme: die durch Art. 140 GG übernommenen Artikel der Weimarer Verfassung).

---

2 BVerfGE 6, 55 (65).

Grundgesetz:

Grundrechte (einschließlich Art. 1 GG),

institutionelle Garantien (Eigentum, Ehe, Familie),

objektive Verfassungsprinzipien,

verfassungsrechtliche Aufbau- und Organisationsvorschriften,

Verfassungsdirektiven, Gesetzgebungsaufträge (Art. 6 Abs. 5, 33 Abs. 5 GG),

sonstige materiell-rechtliche Vorschriften (Art. 21, 46–48, 80 GG),

Kompetenzvorschriften,

Verfahrensvorschriften,

sonstige organisatorische Normen (Art. 21 Abs. 2, 80 Abs. 1 S. 2, 3, 4, Abs. 2; 110 ff., 132 ff. GG).

Bundesgesetze:

Förmliche Gesetze,

vorkonstitutionelle Gesetze, die nach Art. 124, 125 GG mit dem 7. September 1949 Bundesrecht geworden sind;

Rechtsverordnungen.

Umfang der Gültigkeitsprüfung:

– Im Falle einer Überprüfung von Bundes- oder Landesgesetzen am Grundgesetz ist Prüfungsmaßstab das gesamte Grundgesetz. (Keine Begrenzungsmöglichkeit auf einzelne Artikel durch die Parteien des Ausgangsverfahrens oder durch das vorlegende Gericht wie bei der Verfassungsbeschwerde[3].

– Im Falle der Überprüfung von Landesgesetzen an Bundesgesetzen sind Prüfungsmaßstab das Bundesgesetz, aber auch das Grundgesetz, und zwar auch, wenn allein wegen Unvereinbarkeit mit einem Bundesgesetz vorgelegt wird.

(1.3.) Subjekt der Vorlagepflicht (Art. 100 Abs. 1 GG, § 80 Abs. 1 BVerfGG): Gerichte

Alle in Art. 92, 95, 96, 96 a GG genannten Rechtsprechungskörper. Kennzeichen: Unabhängigkeit; rechtlich geregeltes Verfahren, rechtskräftige Entscheidungen (in Anwendung von Rechtsnormen).

Gerichte sind nicht:

– Berliner Gerichte, wenn es sich um Berliner Landesrecht handelt (wohl aber, wenn in Berlin geltendes Bundesrecht in Frage steht)[4].

– Kirchliche Gerichte.

Sie gehören nicht zur staatlichen Ordnung im engeren Sinne.

---

3 Siehe dazu unten unter D.; S. 65 ff.

4 Abs. 4 Genehmigungsschreiben der Militärgouveneure zum Grundgesetz vom 12. Mai 1949.

- Schiedsgerichte.
- Internationale Gerichte.
- Unabhängige Verwaltungsstellen
  (Bundesrechnungshof, Prüfstellen).
- Organe der gesetzgebenden Gewalt.

(1.4.) **Entscheidungserheblichkeit des Gesetzes (Art. 100 Abs. 1 S. 1 GG, § 80 Abs. 2 S. 1 BVerfGG)**

(1.4.1.) **Entscheidung:**

Alle Urteile,
Beschlüsse der freiwilligen Gerichtsbarkeit,
Beschlüsse im Vollstreckungsverfahren,
Beschlüsse im Verfahren des ZVG, der KO, der VerglO,
Eröffnungsbeschlüsse,
Beschwerdeentscheidungen,
Haftbefehle,
Durchsuchungsbefehle,
Beschlagnahmeanordnungen,
Unterbringungsanordnungen.

(1.4.2.) **Entscheidungserheblichkeit:**

Wenn der Ausgang des Prozesses (grds. der Tenor) von der Gültigkeit oder Ungültigkeit des Gesetzes abhängt.

Das Gesetz braucht nicht unmittelbare Grundlage der Entscheidung zu sein. Es genügt, wenn seine Gültigkeit oder Nichtigkeit einen entscheidungserheblichen Einfluß auf Auslegung oder Bestand einer anderen entscheidungserheblichen Norm ausübt[5].

Entscheidungserheblichkeit eines Gesetzes liegt nicht vor,

(1.4.2.1.) wenn das Gericht gebunden ist an eine zurückverweisende Instanz, die die Gültigkeit bejaht hat;

(1.4.2.2.) wenn bereits eine Entscheidung des Bundesverfassungsgerichts über Gültigkeit oder Nichtigkeit der Norm vorliegt (§ 31 BVerfGG);

(1.4.2.3.) wenn sowohl bei einem Landesverfassungsgericht als auch beim Bundesverfassungsgericht vorgelegt wird wegen Unvereinbarkeit eines Landesgesetzes einerseits mit der Landesverfassung, andererseits mit dem GG, und ein Verfassungsgericht hat entschieden (unter der Voraussetzung, daß es sich um die Unvereinbarkeit mit in beiden Verfassungen gleichlautenden Grundrechten handelt);

---

5 BVerfGE 7, 171 (173 f.).

(1.4.2.4.) wenn nur die die Entscheidung prägenden Gründe, nicht aber der Tenor von der Gültigkeit bzw. Nichtigkeit abhängen.

Ausnahme:

Die Rechtsklarheit ist nur gesichert, wenn das Gesetz, dessen Gültigkeit oder Nichtigkeit die Entscheidungsgründe prägt, vom Bundesverfassungsgericht überprüft und seine Gültigkeit oder Nichtigkeit festgestellt wird.

Zum Beispiel kann es für die Rechtssicherheit maßgeblich sein, ob:

eine Klage durch Sachurteil oder Prozeßurteil abgewiesen wird;

die Klage abgewiesen wird, weil der Schuldner einen Aufrechnungsanspruch hatte oder weil die Forderung nicht bestand;

eine Bestrafung entfällt wegen Rechtfertigung, Schuldlosigkeit oder weil dem Täter ein persönlicher Strafaufhebungsgrund zur Seite steht;

ein verwaltungsgerichtliches Urteil beruht auf der Gültigkeit einer Norm oder auf persönlichen Qualifikationen (z. B. polizeilicher Störer, Nachbar) des Klägers.

(1.4.3.) **Für die Entscheidungserheblichkeit ist die** *Ansicht des vorlegenden Gerichts maßgeblich.*

Ausnahmen:

Das BVerfG überprüft die Entscheidungserheblichkeit, wenn die Rechtsauffassung des vorlegenden Gerichts

(1.4.3.1.) offensichtlich unhaltbar[6],

(1.4.3.2.) rechtswidrig[7],

(1.4.3.3.) offensichtlich unrichtig[8] ist.

(1.5.) **Überzeugung des vorlegenden Gerichts von**

(1.5.1.) **der Nichtigkeit der Norm,**

(1.5.2.) **der Entscheidungserheblichkeit der Norm.**

Zweifel oder bloße Bedenken des vorlegenden Gerichts genügen nicht!

Auch ein „non liquet" („Es läßt sich nicht entscheiden") ist nicht ausreichend.

(1.6.) **Vorlagebeschluß (Art. 100 Abs. 1 GG, § 80 Abs. 1 BVerfGG)**

(1.6.1.) **Inhalt: Aussetzung des eigenen Verfahrens;**

---

6 BVerfGE 20, 351 (355).
7 BVerfGE 10, 251 (255).
8 BVerfGE 7, 45 (49); 12, 281 (288).

Vorlage an den Normenkontrollrichter.

(1.6.2.)   Form:

(1.6.2.1.) § 80 Abs. 2 S. 1 BVerfGG

Die *Begründung* betrifft folgende Fragen:

Welche Norm ist entscheidungserheblich und inwieweit hängt der Ausgang des Prozesses von ihrer Gültigkeit oder Ungültigkeit ab? Welche übergeordnete Rechtsnorm ist verletzt?

(1.6.2.2.) § 80 Abs. 2 S. 2 BVerfGG:

Unmittelbare Vorlage unter Beifügung der Akten.

(1.6.2.3.) Die Vorlage ist ein Antrag im Sinne des § 80 Abs. 3 BVerfGG.

(1.6.2.4.) Beschränkung der Vorlage auf den entscheidungserheblichen Rechtssatz(teil).

(1.6.)   Objekt der Vorlage (Art. 100 Abs. 1 S. 1 GG, § 80 Abs. 1 BVerfGG)

(1.6.1.)   Landesverfassungsgerichte und

(1.6.2.)   das Bundesverfassungsgericht.

Zu (1.6.1.): Die Landesverfassungsgerichte sind zuständig, wenn wegen Unvereinbarkeit eines Landesgesetzes mit einer Landesverfassung vorgelegt wird.

→   Besteht kein Landesverfassungsgericht, so bleibt es für diesen Bereich bei der Prüfungszuständigkeit des einfachen Gerichts.

→   Durch Landesrecht können dem Bundesverfassungsgericht die Zuständigkeiten eines Landesverfassungsgerichts für das jeweilige Land übertragen werden (z. B. geschehen in Schleswig-Holstein).

→   Durch Landesrecht kann die Vorlagepflicht beim Landesverfassungsgericht über Art. 100 Abs. 1 GG hinaus erweitert werden (z. B. Erstreckung auf nicht förmliche und auf vorkonstitutionelle Gesetze:

Art. 88, 63 BadWürtt.Verf.; 142 BremVerf.; 74 Hamb.Verf.; 133 Hess.Verf.).

Zu (1.6.2.): Das Bundesverfassungsgericht ist zuständig, wenn vorgelegt wird wegen Unvereinbarkeit eines Bundes- oder Landesgesetzes mit dem GG;

wegen Unvereinbarkeit eines Landesgesetzes mit einem Bundes„gesetz".

(1.6.3.)   Konkurrenz der Vorlagefälle

(1.6.3.1.) Unvereinbarkeit von Landesgesetz und Grundgesetz bzw. Bundesgesetz:

Zuständig ist das Bundesverfassungsgericht.

(1.6.3.2.) Unvereinbarkeit eines Landesgesetzes mit der Landesverfassung und mit einem Bundesgesetz:
Zuständig sind das Landesverfassungsgericht und das Bundesverfassungsgericht nebeneinander.

(1.6.3.3.) Unvereinbarkeit eines Landesgesetzes mit der Landesverfassung und dem Grundgesetz:
Unabhängig davon, ob die Normen des Grundgesetzes und die Landesverfassungsnormen verschiedenen Inhalts oder gleichlautend sind, sind das Landesverfassungsgericht und das Bundesverfassungsgericht nebeneinander zuständig.

Es besteht keine sachliche Bindung des einen Gerichts an die Entscheidung des anderen, weil beide nach den ihnen ausschließlich zugeordneten Prüfungsmaßstäben entscheiden.

Ausnahme:

Die Landesverfassung nimmt Normen des Grundgesetzes lediglich in Bezug, wiederholt sie aber nicht ausdrücklich (Art. 4 Abs. 1 Verf. NRW).

Hier ist allein das Bundesverfassungsgericht zuständig.

Die Landesverfassungsnormen sollen als Landesverfassungsrecht genauso gelten wie als Bundesverfassungsrecht. Es wird daher eine sachliche Bindung aller Landesorgane an die Entscheidungen des Bundesverfassungsgerichts anerkannt.

(2.) Begründetheit

(2.1.) Prüfungsumfang

(2.1.1.) Formelle Gültigkeit der Norm

(2.1.2.) Materielle Vereinbarkeit der Norm mit höherrangigem Recht

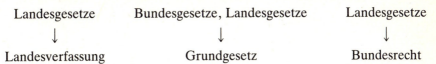

Keine Bindung des Bundesverfassungsgerichts an die Auslegung des vorlegenden Gerichts.

(2.2.) Entscheidung (§ 82 Abs. 1 BVerfGG, § 78 BVerfGG)

Feststellungsurteil

(2.2.1.) Feststellung der Vereinbarkeit mit dem Grundgesetz, mit Bundesrecht oder der Landesverfassung.

(2.2.2.)   Feststellung der Nichtigkeit (auch Teilnichtigkeit).

(2.3.)   Wirkung der Entscheidung
§ 31 Abs. 1 BVerfGG: Bindung aller Gewalten.
§ 31 Abs. 2 BVerfGG: Gesetzeskraft.
Sie beschränkt sich auf die Entscheidungs*formel*.
Der gesetzeskräftigen Entscheidung kommt der Rang des Objekts der Vorlagepflicht (der zu prüfenden Norm) zu.

3. Organklage (Art. 93 Abs. 1 Nr. 1 GG; §§ 13 Nr. 5, 63 ff. BVerfGG) Nur zwischen Organen des *gleichen* Staates (entweder Bund oder Land)

a)   Überblick über die Prüfung

§ 63 BVerfGG:
Parteistreitverfahren.
Kontradiktorisches Verfahren.
Kennzeichnend: Antragsteller und Antragsgegner, zwischen denen ein verfassungsrechtliches Rechtsverhältnis besteht.

Art. 93 Abs. 1 Nr. 1 GG: Verfahren zur abstrakten Auslegung des Grundgesetzes.
Bei §§ 63 ff. BVerfGG handelt es sich um eine Auslegung des Art. 93 Abs. 1 Nr. 1 GG.
Bei einer Prüfung ist daher von diesen Normen auszugehen.

(1)	**Zulässigkeit**	
(1.1.)	Verletzungs- oder Gefährungshandlung (Maßnahme oder Unterlassen)	§ 64 Abs. 1, 2 BVerfGG
(1.2.)	Antragsbefugnis	§ 63 BVerfGG und Parteien (als sonstige Beteiligte i. S. d. Art. 93 Abs. 1 Nr. 1 GG)
(1.3.)	Verletzte Rechtsnorm	§ 64 Abs. 1, 2 BVerfGG: nur Grundgesetznormen.
(1.4.)	Aktivlegitimation (Geltendmachung eigener Rechte)	§ 64 Abs. 1 BVerfGG

(1.5.)	Antragsgegner	§ 63 Abs. 1 BVerfGG
(1.6.)	Bestimmtheit des Antrags	§ 64 Abs. 2 BVerfGG
(1.7.)	Frist	§ 64 Abs. 3 BVerfGG

(2.)   Begründetheit

b) Prüfung im einzelnen

(1)   Zulässigkeit

(1.1.)   Verletzungs- oder unmittelbare Gefährdungshandlung (Maßnahme oder Unterlassen) (§ 64 Abs. 1, 2 BVerfGG)

Jedes Vorgehen eines Organs bzw. Organteils, das kraft eines materiellen Rechtsverhältnisses zwischen ihm und dem klagenden Organ grundgesetzliche Rechte *oder* Pflichten dieses Organs berührt.

(1.2.)   Befugter Antragsteller (§ 63 Abs. 1 BVerfGG, Art. 93 Abs. 1 Nr. 1 GG)

§ 63 Abs. 1 BVerfGG zählt die Antragsberechtigten nicht erschöpfend auf.

Soweit er Art. 93 Abs. 1 Nr. 1 GG einschränkt, ist er unwirksam. Antragsbefugt sind:

Bundespräsident (Art. 54 ff. GG),

Bundesregierung (Art. 62 ff. GG),

Bundestag (Art. 38 ff. GG),

Ständiger Ausschuß des Bundestages (Art. 45 GG),

Bundesrat (Art. 50 ff. GG),

Bundeskanzler (Art. 65 GG, § 1 GeschOBReg),

Stellvertreter des Bundeskanzlers (Art. 69 GG, § 8 GeschOBReg),

Bundesverteidigungsminister (Art. 65 a GG),

Bundesfinanzminister (Art. 112, 114 GG),

Bundestagspräsident (Art. 39 Abs. 3, 40 Abs. 2 GG),

Bundesratspräsident (Art. 52 GG, §§ 6, 8 GeschOBR),

Fraktionen (§ 10 GeschOBT),

¼ der Mitglieder des Bundestags (Art. 44 GG, § 56 Abs. 1 S. 2 GeschOBT, ¹⁄₁₀ der Mitglieder des Bundestags (Art. 42 GG),

Bundestagsausschuß nach §§ 54 ff. GeschOBT,

Soviel Abgeordnete, wie einer Fraktionsstärke entspricht (§§ 76, 97, 102 GeschOBT),

Einzelne Abgeordnete (§ 27, § 111 GeschOBT),

Einzelne Mitglieder des Bundestages (§ 19 GeschOBR).

Sonstige „Beteiligte" i. S. d. Art. 93 Abs. 1 Nr. 1 GG sind:
Politische Parteien, soweit ihr Status als politische Parteien im Verfassungssystem betroffen ist.

Beispiele:

Betroffenheit durch eine Wahlrechtsnorm;
Betroffenheit durch staatliche Parteienfinanzierung;
Betroffenheit durch staatliche Zuteilung von Sendezeiten und Plakatflächen;
Verletzung gleicher Wettbewerbschancen.
(Politische Parteien nehmen durch ihre Mitwirkung an der politischen Willensbildung auch Funktionen eines Verfassungsorgans wahr. Insoweit können sie ihre Rechte nur im Organstreitverfahren, nicht durch Verfassungsbeschwerde geltend machen!)

(1.3.) Verletzte Rechtsnorm (§ 64 Abs. 1, 2 BVerfGG)
= Rechtssätze des Grundgesetzes.
Allgemeine Verfassungsgrundsätze.
Die verletzte Rechtsnorm muß ausdrücklich bezeichnet werden!

(1.4.) Aktivlegitimation (§ 64 Abs. 1 BVerfGG)
Es muß nach dem Sachvortrag des Organs möglich erscheinen, daß es in einem *eigenen Recht* verletzt ist.

(1.5.) Befugter Antragsgegner (§ 63 Abs. 1 BVerfGG)
Wie unter (1.2.).
Es muß ein verfassungsrechtliches Rechtsverhältnis zwischen dem Antragsteller und dem Antragsgegner bestehen, das entweder gegenseitige Rechte und Pflichten begründet oder
das eine Organ berechtigt, Maßnahmen des anderen abzuwehren.

(1.6.) Bestimmtheit des Antrags (§ 64 Abs. 2 BVerfGG)
Die verletzte Grundgesetznorm ist anzugeben.

(1.7.) Frist (§ 64 Abs. 3 BVerfGG)
Binnen sechs Monaten nach Bekanntwerden der Maßnahme oder Unterlassung ist der Antrag im Organstreitverfahren zu stellen.

(2) Begründetheit
(2.1.) Entscheidung (§ 67 BVerfGG)
Feststellungsurteil betreffend
(2.1.1.) Verstoß der Maßnahme oder des Unterlassens gegen das Grundgesetz,
(2.1.2.) Kein Verstoß gegen das Grundgesetz.

(2.2.) Wirkung der Entscheidung
§ 31 Abs. 1 BVerfGG: Bindung aller Gewalten.

4. **Bund-Länder-Streit (Art. 93 Abs. 1 Nr. 3 GG, §§ 13 Nr. 7, 68 ff. BVerfGG)**

Kontradiktorisches Verfahren
Parteistreitverfahren

(1) **Zulässigkeit**
(1.1.) **Befugter Antragsteller (§ 68 BVerfGG)**
Bundesregierung für den Bund.
Landesregierung für ein Land.

(1.2.) **Befugter Antragsgegner (§ 68 BVerfGG)**
Landesregierung für ein Land.
Bundesregierung für den Bund.

(1.3.) **Maßnahme oder Unterlassen, die zu einer Verletzung oder unmittelbaren Gefährdung verfassungsrechtlicher Rechte und Pflichten des Antragstellers führen (§ 69 i. V. m. § 64 Abs. 1 BVerfGG)**
Es genügt also für einen Antrag nach Art. 93 Abs. 1 Nr. 3 GG, § 69 BVerfGG nicht, wenn ein Land bezüglich der Auslegung einer Grundgesetznorm eine andere Meinung vertritt als der Bund!

Fälle
(1.3.1.) Streitigkeiten bezüglich Pflichten der Länder gegenüber dem Bund – insbesondere bei der Ausführung von Bundesgesetzen.
Sonderfälle
Art. 84 Abs. 3 GG: Streit bezüglich der Ausübung der Rechtsaufsicht durch den Bund.
Art. 84 Abs. 4 GG: Streit wegen Mängeln bei der Ausführung der Bundesgesetze durch die Länder als eigene Angelegenheit.
(1.3.2.) Streitigkeiten betreffend Rechtsansprüche der Länder gegen den Bund:
– Beispiele:
Unterlassung bzw. Eingriffe in Zuständigkeiten der Länder (z. B. Gesetzgebungskompetenz).
Anspruch der Länder auf Leistungen des Bundes (etwa aus Vertrag).
Anspruch der Länder auf Berücksichtigung ihrer Interessen durch z. B. Anhörung (z. B. Art. 32 Abs. 2 GG).
(1.3.3.) Streitigkeiten betreffend Rechte auf aktive Mitwirkung an der Bildung des Bundeswillens.

– Beispiel: Mitwirkungsrechte des Bundesrates (Art. 77 GG, sonst. Zustimmungserfordernisse).

(1.3.4.) Streitigkeiten bzgl. Pflichten und Rechtsansprüche des Bundes gegenüber den Ländern.
Beispiele:
Überschreitung von Gesetzgebungszuständigkeiten.
Staatsverträge des Bundes nach außen, die die Interessen der Länder berühren (Art. 32 Abs. 2 GG).
Verstoß von Staatsverträgen der Länder untereinander gegen Bundeszuständigkeiten.
Nichteinhaltung von Verträgen zwischen Bund und Ländern.

(1.4.) Verletzte Rechtsnorm (§ 69 i. V. m. § 64 Abs. 1, 2 BVerfGG): nur Grundgesetznormen

(1.5.) Aktivlegitimation (§ 69 i. V. m. § 64 Abs. 1 BVerfGG)
Geltendmachung der Verletzung oder Gefährdung eigener Rechte und Pflichten, die vom Grundgesetz begründet werden.
Im Falle einer Streitigkeit bezüglich Art. 84 Abs. 4 GG:
Vorheriger Beschluß des Bundesrates über Rechtmäßigkeit der Gesetzesausführung.
Gibt der Bundesrat dem Antrag der Bundesregierung statt: Das Land ist aktivlegitimiert.
Gibt er ihm nicht statt: Der Bund ist aktivlegitimiert.

(1.6.) Bestimmtheit des Antrags (§ 69 i. V. m. § 64 Abs. 2 BVerfGG)

(1.7.) Frist (§ 69 i. V. m. § 64 Abs. 3 BVerfGG: (6 Monate)
Ausnahme: Der Beschluß des Bundesrates nach Art. 84 Abs. 4 GG muß binnen eines Monats nach Beschlußfassung angefochten werden (§ 70 BVerfGG).

(2) Begründetheit

(2.1.) Entscheidung (§ 69, § 67 BVerfGG)
Feststellungsurteil

(2.1.1.) Verstoß der Maßnahme oder des Unterlassens gegen das Grundgesetz.

(2.1.2.) Kein Verstoß gegen das Grundgesetz.

(2.2.) Wirkung der Entscheidung
§ 31 Abs. 1 BVerfGG: Bindung aller Gewalten.

5. Als noch nicht erwähnter Rechtsbehelf vor dem Bundesverfassungsgericht seien an dieser Stelle hinzugefügt die sogenannten **„Anderen öffentlich-rechtlichen Streitigkeiten" (Art. 93 Abs. 1 Nr. 4 GG, §§ 13 Nr. 8, 71, 72 BVerfGG)**

Subsidiärer Rechtsbehelf in zweifacher Hinsicht:
– Die Streitigkeit darf nicht unter eine andere Grundgesetznorm fallen und damit schon die Zuständigkeit des Bundesverfassungsgerichts begründen. (Beachte insbesondere Art. 99 GG!)

– Es darf nicht ein anderer Rechtsweg eröffnet sein, d. h. die Zuständigkeit eines anderen Gerichts begründet sein (insbesondere eines Landesverfassungsgerichts im Falle von Organstreitigkeiten innerhalb eines Landes.

– Kontradiktorisches Verfahren (Parteistreitverfahren).

(1)   Zulässigkeit

(1.1.)   Öffentlich-rechtliche Streitigkeit:

Drei Fälle:
(1.1.1.)   Bund – Land
(1.1.2.)   Land – Land (z. B. aus Verträgen bzw. Abkommen).
(1.1.3.)   Organ(teil) – Organ(teil) innerhalb eines Landes.
Es muß sich stets um eine Streitigkeit aus dem bundesstaatlichen Verhältnis handeln!
Verwaltungsrechtliche Streitigkeiten fallen nicht unter Art. 93 Abs. 1 Nr. 4 GG.

(1.2.)   Befugter Antragsteller (§ 71 BVerfGG)

(1.3.)   Befugter Antragsgegner (§ 71 BVerfGG)

(1.4.)   Verletzte Rechtsnorm (§ 64 Abs. 1, 2 BVerfGG analog)
Fälle (1.1.1.), (1.1.2.): nur Grundgesetznorm; Fall (1.1.3.): Norm der Landesverfassung.

(1.5.)   Aktivlegitimation (§ 64 BVerfGG)

(1.6.)   Frist (§ 72, § 64 Abs. 3 GG)

(1.7.) **Bestimmtheit des Antrags (§ 64 Abs. 2 analog)**

(2) **Begründetheit**

(2.1.) **Entscheidung (§ 72 BVerfGG)**
Fälle (1.1.1.) und (1.1.2.): § 72 Abs. 1 BVerfGG
Fall (1.1.3.): § 72 Abs. 2 BVerfGG (Feststellungsurteil).

(2.2.) **Wirkung der Entscheidung**
§ 31 Abs. 1 BVerfGG: Bindung aller Gewalten.

III. Begründetheitsprüfungen von Rechtsbehelfen im Staatsorganisationsrecht

Die Prüfung der Begründetheit verfassungsrechtlicher Rechtsbehelfe umfaßt die materiellrechtliche Untersuchung der Fallaufgabe.
Sie wird in den weitaus meisten Fällen gefordert. Aufgabenstellungen, die sich rein auf die Zulässigkeitsproblematik beschränken, sind äußerst selten.

Einen Überblick über den Aufbau des materiell-rechtlichen Lösungsteils enthalten bereits die Ausführungen zu den typischen Problemstellungen staatsorganisationsrechtlicher Fälle oben unter I[1].

Sie zeigen in den Grundzügen das praktische Vorgehen des Bearbeiters zum Zweck der Lösung einer ihm gestellten Aufgabe. Die typische *inhaltlich-rechtliche Problematik* der staatsorganisationsrechtlichen Fälle ergibt sich dagegen bereits aus der Gliederung des Grundgesetzes. Die Aufgaben beschäftigen sich alle mit einem der folgenden drei Themenkreise: 1. Verfassungsprinzipien; 2. Staatsorgane; 3. Staatsfunktionen. Zu ihnen sind daher auch in einer Anleitung zur Fallbearbeitung einige vertiefende Anmerkungen erlaubt.

1. Verfassungsprinzipien

Die im Grundgesetz verankerten Prinzipien umfassen die Grundsätze der Demokratie, des Rechtsstaats, des Sozialstaats und des Bundesstaats.

---

1 S. 23 ff.

a) Demokratie (Art. 20 Abs. 2 S. 1, 28 GG).

Zum Demokratieprinzip zählen:

(1.)   **Unmittelbare politische Willensbildung durch das Volk** durch

(1.1.)   Wahlen (Art. 38 Abs. 1 S. 2), 28 Abs. 1 S. 2 GG).

(1.2.)   Abstimmungen (Art. 20 Abs. 2 S. 2, 29, 118 GG).

(1.3.)   Wahrnehmung der Grundrechte aus Art. 5 Abs. 1 S. 1 und 2, Abs. 3; Art. 9 Abs. 1 und 3; Art. 21 Abs. 1 S. 1 und 2, Abs. 2 GG.

(2.)   **Legitimation der Regierenden durch die Mehrheit des Volkes,** garantiert durch

(2.1.)   Art. 38 Abs. 1, 28 GG,

(2.2.)   Mehrparteiensystem (Art. 21 Abs. 1 S. 2 GG).

(2.3.)   Chancengleichheit der Parteien (Art. 20 Abs. 1 S. 1, Art. 3 Abs. 1 und 3 i. V. m. Art. 21 Abs. 1 S. 1 und 2 GG).

(3.)   **Mehrheitsprinzip** (Art. 42 Abs. 2 GG)[2]

(3. 1.) Mehrheitsbegriffe   **Bezugszahl**

Abgeordnetenmehrheit   Gesetzliche Mitgliederzahl
Anwesenheitsmehrheit   Anwesende Mitglieder
Abstimmungsmehrheit

          ⟶ Mehrheit der an der Abstimmung Teilnehmenden

          ⟶ Mehrheit der Ja-Stimmen über die Nein-Stimmen (ohne Enthaltungen) = einfache Mehrheit

Qualifizierte Mehrheit

(3.2.)   **Grundgesetzliche Regelungen**
(3.2.1.)   Einfache Mehrheit
          Art. 42 Abs. 2 GG meint die einfache Mehrheit (§ 48 Abs. 2 GeschOBT):
          Vermutung für das Prinzip der einfachen Mehrheit bei Abstimmungen.
(3.2.2.)   Qualifizierte Mehrheit:
          Art. 42 Abs. 1 S. 2; 77 Abs. 4 S. 2; 61 Abs. 1 S. 3; 79 Abs. 2 GG.

---

2   Fall 1, Ziff. I.3.1.

(3.2.3.)   Abgeordnetenmehrheit:
Art. 29 Abs. 7 S. 2; 63 Abs. 2 S. 1, Abs. 4 S. 2; 67 Abs. 1 S. 1; 68 Abs. 1 S. 1; 77 Abs. 4 S. 1; 87 Abs. 3 S. 2; 61 Abs. 1 S. 3, 79 Abs. 2 GG.

(4.)   **Minderheitenschutz** durch

(4.1.)   Art. 42 Abs. 1 GG:
Ausschluß der Öffentlichkeit nur mit Zweidrittelmehrheit.

(4.2.)   Art. 47 GG:
Recht der Abgeordneten, das Zeugnis über Informanten zu verweigern.

(4.3.)   Art. 44 GG:
Einsetzung eines Untersuchungsausschusses auf Antrag eines Viertels der Mitglieder des Bundestages.

(4.4.)   Schriftliche Anfragen (§§ 100–104 GeschOBT), mündliche Fragen (§ 105 GeschOBT) und Kurzbeiträge in der aktuellen Stunde (§ 106 GeschOBT).

(4.5.)   § 12 GeschOBT:
Zusammensetzung der Bundestagsorgane nach Fraktionsstärken.

(4.6.)   § 7 Abs. 1 S. 2 GeschOBT:
Gerechte und unparteiische Leitung der Verhandlungen des Bundestages durch dessen Präsidenten.

(5.)   **Religiöse und weltanschauliche Neutralität des Staates:**
Art. 4 Abs. 1, 2, 3 und Art. 3 Abs. 3 GG[3].

b) Rechtsstaat (Art. 20 Abs. 2 S. 2, Abs. 3, Art. 28 Abs. 1 GG)

Das Rechtsstaatsprinzip umfaßt:

(1.)   **Gewaltenteilungsgrundsatz** (Art. 20 Abs. 2 S. 2 GG)[4]
Gewaltenteilung bedeutet Unterscheidung der Staatsfunktionen – Legislative, Exekutive und Judikative – sowie ihre Zuweisung an besondere Gewalten.

---

3 Zu Art. 4 GG siehe unten unter D. II. 3. b), S. 86 ff.
4 Fall 4

Jedes Organ soll die Aufgaben wahrnehmen, für die es geschaffen und für deren Erfüllung es geeignet ist. Eine atypische Aufgabenverteilung ist erlaubt, soweit sie nicht den Grundfunktionen einer Gewalt widerspricht.

(2.) **Primat des Rechts**

(2.1.) Vorrang der Verfassung (Art. 20 Abs. 3 GG).

(2.2.) Vorrang des Gesetzes (Art. 20 Abs. 3 GG).

(2.3.) Richterliche Kontrolle (Art. 19 Abs. 4 GG).

(3.) Gewährleistung von **Freiheitsrechten:**
Allgemeines Freiheitsrecht aus Art. 2 Abs. 1 GG und besondere Freiheitsrechte,

(4.) Gewährleistung von **Gleichheitsrechten:**
Allgemeiner Gleichheitssatz des Art. 3 Abs. 1 GG und besondere Gleichheitssätze[5].

(5.) **Vorbehalt des Gesetzes.**
Freiheitsrechte dürfen nur auf gesetzlicher Grundlage begrenzt werden. Vergl.: Art. 16; Art. 101 Abs. 1 und 2; 103 Abs. 2; 104 Abs. 1; Art. 80 Abs. 1 S. 2 GG. (Bestimmtheitserfordernisse).
Nach neuerer Judikatur des Bundesverfassungsgerichts müssen alle wesentlichen, den einzelnen und die Allgemeinheit betreffenden Fragen durch formelles (vom Parlament erlassenes) Gesetz geregelt sein[6].

(6.) **Rückwirkungsverbot**

(6.1) „Unechte" Rückwirkung:
Sie liegt vor, wenn in gegenwärtige, noch nicht abgeschlossene Sachverhalte und Rechtsbeziehungen gesetzlich regelnd für die Zukunft eingegriffen wird. Sie ist grundsätzlich aus Gründen des Wohles der Allgemeinheit zulässig.
Ausnahme: Der Vertrauensschutz der Betroffenen überwiegt wegen Zeitablaufs, erheblicher wirtschaftlicher Folgen oder unabänderbarer Dispositionen.

---

5 Zu den Grundrechten siehe die Übersicht unten unter D., 1., S. 77ff.
6 BVerfGE 40, 237 (248ff.); 49, 89 (126f.).

(6.2.) „Echte" Rückwirkung:
Sie ist gegeben, wenn ein Gesetz in abgeschlossene Tatbestände eingreift und deren rechtliche Beurteilung abändert.
Sie ist grundsätzlich unzulässig.
Ausnahmen:
– Die Rechtsänderung wird frühzeitig angekündigt.
– Das geltende Recht ist unklar und verworren.
– Die den Tatbestand ursprünglich regelnde Norm war ungültig (kein Rechtsschein).
– Es sprechen zwingende Gründe des Allgemeinwohls für die Rechtsänderung.

(7.) **Verhältnismäßigkeitsgrundsatz im weiteren Sinne (Übermaßverbot)**[7]

c) Sozialstaat (Art. 20 Abs. 1, 28 Abs. 1 GG)

Das Grundgesetz kennt keine sozialen Grundrechte.
Es enthält in Art. 20 Abs. 1 GG jedoch die Verpflichtung des Gesetzgebers und der vollziehenden Gewalt zur Wahrnehmung sozialstaatlicher Aufgaben.
Zu ihnen zählen etwa die Sozialversicherung, die öffentliche Sozialhilfe, die Erhaltung und der Ausbau des Arbeitsrechts, der Bereich der Daseinsvorsorge, die Bildungspolitik, die Regelungen des Privatrechts zum Mieterschutz (§§ 535 ff. BGB), im Versorgungsausgleich (§§ 1587 ff. BGB), im Abzahlungsgesetz und im AGB-Gesetz sowie der Umweltschutz[8].

Das Sozialstaatsprinzip bildet ein Gegengewicht zu den freiheitlichen Ordnungsprinzipien des Grundgesetzes. Es ist ein Schutzprinzip für wirtschaftlich Schwache.

d) Bundesstaat (Art. 20 Abs. 1 GG)

Der Bundesstaat ist *ein* Staat, in dem die drei Gewalten auf mehrere, territorial differenzierte Organisationen mit eigener Rechtspersönlichkeit (Bund und Länder) verteilt sind.
Das bedeutet:
Kein bloßer Staatenbund, sondern Staatscharakter der Bundesrepublik Deutschland.
Die Länder sind Staaten mit eigener staatlicher Hoheitsmacht.

---

7 Siehe dazu im einzelnen unten unter D. II.2.a) „Exkurs", S. 82 (Prüfung von Eingriffen in Grundrechte).
8 Dazu näher: Stern, Staatsrecht, Bd. 1, S. 892 ff.

Über-Unterordnungsverhältnis zwischen Bund und Ländern (Art. 28 Abs. 3, 31, 37 GG).

Staatsverträge zwischen den Ländern sowie zwischen Bund und Ländern sind möglich.

Die Länder sind gleichberechtigt. Im Verhältnis der Bundesländer untereinander gilt der Grundsatz der Bundestreue (Art. 20 Abs. 3 GG).

2. Staatsorgane

Die obersten Organe der Bundesrepublik Deutschland sind:
Bundestag (Art. 38–49 GG), Bundesrat (Art. 50–53 GG), Bundespräsident (Art. 54–61 GG), Bundesregierung (Art. 62–69 GG) und Bundesverfassungsgericht (Art. 93, 94 GG).

a) Bundestag

(1.)   Selbständiges oberstes Staatsorgan (Art. 40 GG)
Einzelplan im Haushaltsplan des Bundes.
Präsident des Bundestages: Inhaber der Leitungsgewalt.
Dienstvorgesetzter der Beamten und Angestellten des Bundestages.

(2.)   Fraktionen und Ausschüsse

(2.1.)   Fraktionen
Im Grundgesetz nur in Art. 53 a Abs. 1 S. 2 erwähnt. Nähere gesetzliche Ausgestaltung in §§ 10ff. GeschOBT. Die Bedeutung von Fraktionseigenschaft und Fraktionsstärke ist in § 12 GeschOBT geregelt.

(2.2.)   Ausschüsse
Aufgabe: Fachliche Vorklärung.
Fachliche Vorbereitung.
Parlamentarische Kontrolle.
§§ 54ff. GeschOBT enthalten Näheres zu den Ausschüssen.
Im Grundgesetz besonders geregelt sind:
Verteidigungsausschuß (Art. 45 a GG)
(Er hat auch Befugnisse eines Untersuchungsausschusses).
Petitionsausschuß (Art. 45 c GG)
(Ein besonderes Gesetz regelt seine Befugnisse)[9].
Untersuchungsausschüsse (Art. 44 GG).

---

9 Gesetz über Befugnisse des Petitionsausschusses des Deutschen Bundestages vom 19. 7. 1975 (BGBl. I S. 1921).

(3.)   Kompetenzen

(3.1.)   Gesetzgebung:
Art. 77 Abs. 1 S. 1 GG[10] und Art. 110 Abs. 2 GG (Feststellung des Haushaltsplans);
Art. 115 Abs. 1 S. 1 GG;
Art. 59 Abs. 2 GG;
Art. 115 a Abs. 1, 115 e GG.

(3.2.)   Kompetenzen bezüglich der Organisation und des Verfahrens der Bundes- und Landesverwaltung: VIII., X. Abschnitt des Grundgesetzes[11].

(3.3.)   Politischer Einfluß:
Art. 63 GG (Wahl des Bundeskanzlers);
Art. 43 GG (Zitierrecht);
Art. 44 GG (Einsetzung von Untersuchungsausschüssen);
Art. 45 a, b, 87 a GG (Verteidigungsfall);
Art. 114 GG (Rechnungslegung durch den Bundesfinanzminister; Entlastung der Bundesregierung);
Art. 67 Abs. 1 (Konstruktives Mißtrauensvotum).

(4.)   Abgeordnete[12]
Art. 38 Abs. 1 S. 2: Freies Mandat.
Kein Mandatsverlust bei Parteiwechsel.
Rechte:
Art. 46 Abs. 1 GG (Indemnität);
Art. 47 GG (Zeugnisverweigerungsrecht);
Art. 46 Abs. 2 und 3 GG (Immunität).

---

10   Fall 1, Ziff. I.
11   Siehe unten unter 3. b) die Ausführungen zur Staatsfunktion der Exekutive, S. 60ff.
12   Fall 8 und Fall 9.

b) Bundesrat

(1.) Ernannte Regierungsvertreter (Art. 51 Abs. 1 GG), an Aufträge und Weisungen gebunden.
Präsident (Art. 52 Abs. 1 GG);
GeschO (Art. 52 Abs. 3 S. 2 GG);
Eigene Verwaltung;
Einzelplan im Haushalt;
Präsident: Oberste Dienstbehörde der Beamten des Bundesrates.

(2.) Ausschüsse (Art. 52 Abs. 4 GG):
Ihnen können Mitglieder des Bundesrates und andere Mitglieder oder Beauftragte der Landesregierungen angehören.
Verfahren: Art. 52 Abs. 2 und 3 GG.

(3.) Kompetenzen

(3.1.) Gesetzgebung: Art. 77 Abs. 2–4, 78 GG;

(3.2.) Vollziehende Gewalt:
Art. 114 GG (Recht auf Rechnungslegung durch den Bundesfinanzminister);
Art. 84 Abs. 3 und 4 GG (Bundesaufsicht);
Art. 37 Abs. 1 GG (Bundeszwang);
Art. 91 Abs. 2 GG (Bundesintervention);
Art. 80 Abs. 2 GG (Zustimmung zu Rechtsverordnungen) unter dem Vorbehalt anderweitiger bundesgesetzlicher Regelung. Eine solche darf aber auch nur mit Zustimmung des Bundesrates erfolgen[13].
Art. 84 Abs. 2, 85 Abs. 2, 108 Abs. 7 GG (Erlaß von Verwaltungsvorschriften nur mit Zustimmung des Bundesrates);
Art. 53 GG (Teilnahmerecht und -pflicht der Bundesregierung und Pflicht zur Unterrichtung des Bundesrates).

c) Bundesregierung

(1.) Weisungsfreies, selbständiges Bundesorgan.
Rechtsverhältnisse der Mitglieder der Bundesregierung: Art. 66 GG, Bundesministergesetz[14].
Wahl: Art. 63, Art. 64 Abs. 1 GG.
Konstruktives Mißtrauensvotum: Art. 67 Abs. 1 GG.

---

13 BVerfGE 28, 66 (76 ff.).
14 in der Fassung vom 27. 7. 1971, BGBl. I S. 1166.

Vertrauensfrage: Art. 68 GG.

(2.)   Kompetenzen

(2.1.)   Art. 65 GG:

(2.1.1.) Kanzlerprinzip (Art. 65 S. 1 und 4 GG).
          Es umfaßt:
          – Kabinettsbildungsrecht (Art. 64 Abs. 1 GG);
          – Richtlinienkompetenz (Art. 65 S. 1 GG);
          – Leitung der Geschäfte der Bundesregierung (Art. 65 S. 4 GG).

(2.1.2.) Ressortprinzip (Art. 65 S. 2 GG).
          Es beinhaltet die selbständige Leitung des Geschäftsbereichs durch
          den jeweiligen Bundesminister (Organisations- und Personalhoheit).

(2.1.3.) Kabinettsprinzip (Art. 65 S. 3 und 4 GG)
          Es bedeutet die Bindung der Bundesminister an die Richtlinien des
          Kanzlers und an Kollegialentscheidungen.

(2.2.)   Art. 113 GG (Mit Ausgaben verbundene Gesetze bedürfen der
          Zustimmung der Bundesregierung);

(2.3.)   Art. 43 Abs. 2, 53 GG (Teilnahme an Verhandlungen von Bundestag
          und Bundesrat);

(2.4.)   Art. 84 Abs. 2, 85 Abs. 2, 108 Abs. 7 GG (Erlaß allgemeiner Verwal-
          tungsvorschriften mit Zustimmung des Bundesrates);

(2.5.)   Art. 84 Abs. 5, 85 Abs. 3, 108 Abs. 3 GG (Begrenzte Weisungsbefug-
          nisse gegenüber obersten Landesbehörden);

(2.6.)   Art. 84 Abs. 3, 4 GG (Bundesaufsicht über Ausführung der Bundes-
          gesetze durch die Länder);

(2.7.)   Art. 37, 91 Abs. 2 GG (Bundeszwang, Bundesintervention).

(2.8.)   Die umfassende Leitungsbefugnis gegenüber der *Bundes*verwaltung
          folgt aus der Organisationsgewalt der Bundesregierung (u. a. Art. 86
          GG).
          Grenze: Art. 87 Abs. 1 S. 2, Abs. 3 GG.
          Die Verwaltungsorganisation und das Verwaltungsverfahren können
          auch stets durch *Gesetz* geregelt werden. Dann besteht ein Vorrang
          vor den Regelungen der Bundesregierung.

d) Bundespräsident

(1.)   Staatsoberhaupt.
Keine politische Entscheidungsgewalt. Repräsentant der staatlichen Einheit nach außen und innen.
Wahl: Art. 54 Abs. 1 GG
Vertretung: Art. 57 GG[15].

(2.)   Kompetenzen

(2.1.)   Art. 63 Abs. 4 S. 3, 68 Abs. 1 GG (Auflösung des Bundestages);

(2.2.)   Art. 63 Abs. 1 GG (Vorschlagsrecht; Wahl des Bundeskanzlers);

(2.3.)   Art. 82 Abs. 1 GG (Ausfertigung, Verkündung der Gesetze);

(2.4.)   Art. 59 Abs. 1 GG (Völkerrechtliche Vertretung);

(2.5.)   Art. 60 GG (Ernennung von Bundesbeamten und Soldaten);

(2.6.)   Art. 81 Abs. 1 GG (Erklärung des Gesetzgebungsnotstands mit Zustimmung des Bundesrats).
Gegenzeichnung notwendig durch den Bundeskanzler oder einen Minister (Art. 58 GG).
Ausnahme zu Art. 58 GG: Ernennung und Entlassung des Bundeskanzlers, Art. 63 Abs. 4 GG (Auflösung des Bundestages), Art. 69 Abs. 3 GG (Ersuchen).

e) Bundesverfassungsgericht

(1.)   Echtes, unabhängiges Gericht im Sinne des Art. 92 GG und oberstes Staatsorgan.
Wahl: Art. 94 Abs. 1 GG.
Verfassung und Verfahren: Art. 94 Abs. 2 GG und Bundesverfassungsgerichtsgesetz.

(2.)   Entscheidungskompetenzen.

(2.1.)   Art. 93 Abs. 1 Nr. 1–4 b GG:
Organklage, abstrakte Normenkontrolle, Bund – Länder – Streit, andere öffentlich-rechtliche Streitigkeiten.

(2.2.)   Art. 18 GG:
Verwirkung von Grundrechten.

15 Fall 6, Ziff. III.

(2.3.) Art. 21 Abs. 2 S. 2 GG:
Verfassungswidrigkeit von Parteien.

(2.4.) Art. 41 Abs. 2 GG:
Beschwerde gegen eine Entscheidung des Bundestages über den Verlust der Mitgliedschaft im Bundestag.

(2.5.) Art. 61 Abs. 1 GG:
Anklage des Bundespräsidenten.

(2.6.) Art. 84 Abs. 4 S. 2 GG
Mängelrüge bei der Ausführung von Bundesgesetzen durch die Länder.

(2.7.) Richteranklage.

(2.8.) Art. 99 GG
Verfassungsstreitigkeiten innerhalb eines Landes, wenn diese dem Bundesverfassungsgericht durch Landesgesetz zugewiesen werden.

(2.9.) Art. 100 Abs. 1 GG
Konkrete Normenkontrolle.

(2.10.) Art. 126 GG
Fortgeltung alten Rechts als Bundesrecht.

3. Staatsfunktionen

Die Funktionen der staatlichen Gewalt umfassen die Gesetzgebung, die vollziehende Gewalt und die Rechtsprechung.

a) Gesetzgebung

Die Wirksamkeit von Bundesgesetzen ergibt sich aus den Vorschriften des Grundgesetzes über die Gesetzgebung. Folgende Gültigkeitsvoraussetzungen sind in diesen Bestimmungen enthalten:

(1.) **Formelle Gültigkeitsvoraussetzungen.**

(1.1.) Gesetzgebungszuständigkeiten. Insbesondere:

(1.1.1.) Ausschließliche Gesetzgebungskompetenz (Art. 71, 73 GG).

(1.1.2.) Konkurrierende Gesetzgebungskompetenz (Art. 72, 74 GG).

(1.1.3.)   Rahmengesetzgebungskompetenz (Art. 72, 75 GG).

(1.2.)   Verfahren und Form:
             – Einleitungsverfahren (Art. 76 GG).
             – Hauptverfahren (Art. 77, 78 GG).
             – Abschlußverfahren (Art. 82 GG).

(2.)   **Materielle Gültigkeitsvoraussetzungen**
             Vereinbarkeit des Gesetzes mit höherrangigem Recht.

Zu (1.1)   **Gesetzgebungszuständigkeiten**

             Grundsätzlich: Zuständigkeit der Länder (Art. 70, 30 GG)
             Großes Gewicht:
             Kulturelle Angelegenheiten
             (Ausnahme: Art. 74 Nr. 13, Art. 75 Nr. 1 a GG);
             Polizeirecht;
             Kommunalrecht.

             Zuständigkeit des Bundes:

(1.1.1.)   Ausschließliche Gesetzgebungszuständigkeit des Bundes (Art. 73, Art. 105 Abs. 1 GG)

             Voraussetzungen:
             (1.1.1.1.) Fall der ausschließlichen Gesetzgebungskompetenz nach Art. 73, 105 Abs. 1 GG.

             (1.1.1.2.) Keine ausdrückliche Zuweisung an die Länder nach Art. 71 GG.

(1.1.2.)   Konkurrierende Gesetzgebungszuständigkeit des Bundes (Art. 74, 105 Abs. 2, 72 GG)

             Zuständigkeit des Bundes ist nach Art. 72 Abs. 2 GG gegeben, soweit ein *Bedürfnis* für eine bundesgesetzliche Regelung besteht. Die Beurteilung dieser Frage steht im Ermessen des Bundesgesetzgebers. Zulässigkeitsvoraussetzungen für eine bundesgesetzliche Regelung sind daher:

             (1.1.2.1.) Materie der konkurrierenden Gesetzgebungszuständigkeit (Art. 74, 105 Abs. 2 GG).

             (1.1.2.2.) Bedürfnisfall nach Art. 72 Abs. 2 GG.

Arten bundesgesetzlicher Regelung nach Art. 72 Abs. 1 GG:
- Positive Regelung
Entgegenstehendes Landesrecht tritt außer Kraft.
In Zukunft sind die Länder gehindert, entgegenstehendes Recht zu setzen.
- Negative Regelung
Sie liegt vor, wenn der Bund mit einer Regelung zu erkennen gibt, daß er eine bestimmte Frage/Materie nicht geregelt sehen oder selbst abschließend regeln will.
Beispiel: Es wird eine ganze Rechtsmaterie durch Kodifikation geregelt.

(1.1.3.) Rahmengesetzgebungszuständigkeit des Bundes (Art. 75, 72 GG; Art. 98 Abs. 3 S. 2 GG)

Voraussetzungen:
(1.1.3.1.) Fall der Rahmengesetzgebungszuständigkeit (Art. 75, 98 Abs. 3 S. 2 GG)

(1.1.3.2.) Bedürfnis nach Art. 72 Abs. 2 GG!
Materielle Einschränkung durch Begriff des Rahmengesetzes.
Faustformel[16]:
Rahmengesetze müssen ausfüllungsbedürftig und ausfüllungsfähig sein. Den Ländern muß eine Materie von substantiellem Gewicht zur Regelung verbleiben.

(1.1.4.) Grundsatzgesetzgebung des Bundes (Art. 109 Abs. 3; 91 a Abs. 2 S. 2; 140 GG i. V. m. Art. 138 Abs. 1 S. 2 WRV)

(1.1.5.) Spezielle Regelungen des Grundgesetzes, die die Zuständigkeit des Landesgesetzgebers ausschließen.
Z. B.: Art. 4 Abs. 3 S. 2, 21 Abs. 3, 26 Abs. 2 S. 2, 38 Abs. 3, 41 Abs. 3, 95 Abs. 3 S. 2, 134 Abs. 4;
Art. 84 Abs. 1, 87 Abs. 3;
Art. 59 Abs. 2 S. 1, 110 Abs. 2 S. 1, 115l Abs. 3 GG.

(1.1.6.) Bundeszuständigkeit kraft Sachzusammenhangs[17].
(1.1.7.) Bundeszuständigkeit kraft Natur der Sache[18]:
Z. B.: Sitz der Bundesregierung;
Bundessymbole.

---

16 BVerfGE 4, 115 (129f.); 36, 194 (202).
17 Fall 2, Ziff. II. 3.2.1.
18 Fall 2, Ziff. II. 3.2.2.

Grundsätzliches zur Auslegung der *Art. 73 ff. GG:*

– Der Bund hat grundsätzlich die Gesetzgebungszuständigkeit auf den Gebieten, für die er auch die Verwaltungszuständigkeit nach Art. 87 ff. GG hat.
  (Vollzug von Landesgesetzen durch Bundesbehörden gibt es nicht.)
– Die Gesetzgebungszuständigkeit des Bundes bezieht sich nicht nur auf die jeweilige Materie. Sie kann auch Vorbereitungs- und Vollzugsakte umfassen, wie zum Beispiel:
  – Vorbereitung eines Gesetzgebungsvorhabens.
  – Behördenaufbau und Verwaltungsverfahren. Art. 84 Abs. 1, 85 Abs. 1, 108 GG gehen von dieser Zuständigkeit offenbar aus.
  – Polizeirechtliche Regelungen zwecks Vollzug eines Bundesgesetzes.
    (Die Landeszuständigkeit für das Polizeirecht bezieht sich nur auf das Sicherheits- und Ordnungsrecht im engeren Sinne.)

Zu (1.2.) Verfahren und Form

Dem Einleitungsverfahren nach Art. 76 GG[19] folgten die Beratungen im Bundestag (§§ 78 ff. GeschOBT).
Das Hauptverfahren leitet der Beschluß des Bundestages nach Art. 77 Abs. 1 GG ein.
Nach Annahme einer Gesetzesinitiative im Bundestag nimmt das Gesetzgebungsverfahren seinen Gang nach folgendem Schema:

---

19 Fall 1, Ziff. I. 2.

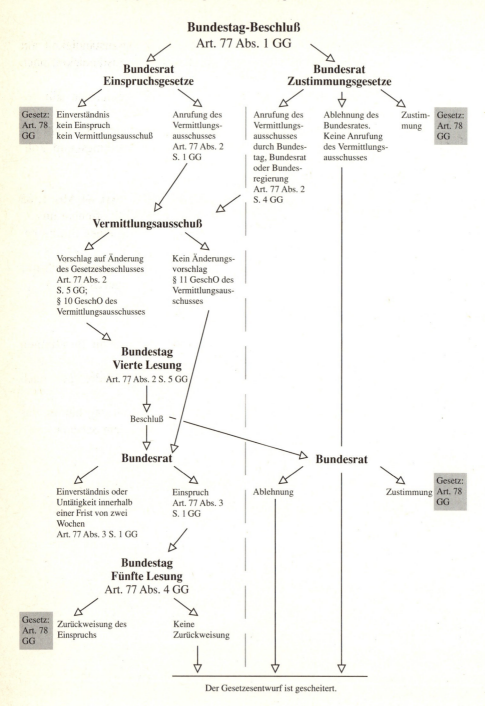

Bundestag-Beschluß
Art. 77 Abs. 1 GG

Bundesrat Einspruchsgesetze

Bundesrat Zustimmungsgesetze

Gesetz: Art. 78 GG

Einverständnis kein Einspruch kein Vermittlungsausschuß

Anrufung des Vermittlungsausschusses Art. 77 Abs. 2 S. 1 GG

Anrufung des Vermittlungsausschusses durch Bundestag, Bundesrat oder Bundesregierung Art. 77 Abs. 2 S. 4 GG

Ablehnung des Bundesrates. Keine Anrufung des Vermittlungsausschusses

Zustimmung

Gesetz: Art. 78 GG

Vermittlungsausschuß

Vorschlag auf Änderung des Gesetzesbeschlusses Art. 77 Abs. 2 S. 5 GG; § 10 GeschO des Vermittlungsausschusses

Kein Änderungsvorschlag § 11 GeschO des Vermittlungsausschusses

Bundestag Vierte Lesung
Art. 77 Abs. 2 S. 5 GG

Beschluß

Bundesrat

Bundesrat

Einverständnis oder Untätigkeit innerhalb einer Frist von zwei Wochen Art. 77 Abs. 3 S. 1 GG

Einspruch Art. 77 Abs. 3 S. 1 GG

Ablehnung

Zustimmung

Gesetz: Art. 78 GG

Bundestag Fünfte Lesung
Art. 77 Abs. 4 GG

Gesetz: Art. 78 GG

Zurückweisung des Einspruchs

Keine Zurückweisung

Der Gesetzesentwurf ist gescheitert.

Das Abschlußverfahren (Art. 82 Abs. 1 S. 1 GG) besteht aus
- Gegenzeichnung gemäß Art. 58 GG, § 29 GeschO Bundesregierung.
- Ausfertigung durch den Bundespräsidenten[20].
- Verkündung im Bundesgesetzblatt[21].
  Formel bei zustimmungsbedürftigen Gesetzen: „Der Bundestag hat mit Zustimmung des Bundesrates das folgende Gesetz beschlossen."
  Schlußformel bei Einspruchsgesetzen:
  „Die verfassungsmäßigen Rechte des Bundesrates sind gewahrt."

Zu (2.) **Materielle Gültigkeitsvoraussetzungen**

Es ist eine Überprüfung des Gesetzes an den materiell-rechtlichen Normen des Grundgesetzes vorzunehmen.

b) Vollziehende Gewalt

Die vollziehende Gewalt umfaßt die politische Staatsführung, also die Regierung[22], die Verwaltung und die militärische Verteidigung.
In staatsorganisationsrechtlichen Aufgaben werden insbesondere die Verwaltungszuständigkeiten bei der Ausführung von Gesetzen und beim Erlaß von Rechtsverordnungen relevant.

(1.) **Gesetzesvollzug**

Grundsätzlich: Länderzuständigkeit und Verwaltungstyp des landeseigenen Vollzugs (Art. 30, 83 GG).

(1.1.) **Art. 30 GG: Landeseigener Vollzug von Landesgesetzen.**

(1.2.) **Art. 30, 83, 84 GG: Landeseigener Vollzug von Bundesgesetzen.**

(1.2.1.) Einrichtung von Behörden und Verwaltungsverfahren: Eigene Angelegenheit der Länder, soweit nicht ein Bundesgesetz mit Zustimmung des Bundesrates etwas anderes bestimmt (Art. 84 Abs. 1 GG).

---

20 Fall 7, Ziff. I.
21 Teil I: Gesetze und Verordnungen.
    Teil II: Staatsverträge. Publikationen, die nicht in Teil I Aufnahme finden.
    Teil III: Feststellung der als Bundesrecht geltenden Rechtsvorschriften, nach Sachgebieten geordnet veröffentlicht.
22 Dazu oben unter III. 2. c), S. 53 f.

(1.2.2.)   Rechtsaufsicht der Bundesregierung (Art. 84 Abs. 3 S. 1 GG).

(1.2.3.)   Kein Weisungsrecht der Bundesregierung (Ausnahme: Art. 84 Abs. 5 GG)

(1.2.4.)   Bundesregierung kann allgemeine Verwaltungsvorschriften mit Zustimmung des Bundesrates zulassen (Art. 84 Abs. 2 GG)

(1.3.)   **Art. 30, 83, 85 GG: Bundesauftragsverwaltung**

Nur in den im Grundgesetz ausdrücklich vorgesehenen Fällen: Art. 87 b Abs. 2, 87 c, 87 d Abs. 2, 89 Abs. 2, 90 Abs. 2, 108 Abs. 3, 120 a; Art. 104 a Abs. 3 GG.

(1.3.1.)   Einrichtung der Behörden: Angelegenheit der Länder. Verwaltungsverfahren: Angelegenheit des Bundes.

(1.3.2.)   Rechts- und Fachaufsicht der Bundesregierung (Art. 85 Abs. 4 GG).

(1.3.3.)   Weisungsrecht der Bundesregierung und -ministerien (Art. 85 Abs. 3 GG).

(1.3.4.)   Bundesregierung kann mit Zustimmung des Bundesrates allgemeine Verwaltungsvorschriften erlassen (Art. 85 Abs. 2 S. 1 GG)

(1.4.)   **Art. 86 GG: Bundesverwaltung**

– **unmittelbare** = durch bundeseigene Behörden:
Auswärtiger Dienst (Art. 87 Abs. 1 S. 1 GG);
Bundesfinanzverwaltung (Art. 108 GG);
Bundeseisenbahnen (Art. 87 Abs. 1 S. 1 GG);
Bundespost (Art. 87 Abs. 1 S. 1 GG);
Bundeswasserstraßen (Art. 89 Abs. 2 GG);
Schiffahrt (Art. 87 Abs. 1 S. 1 GG);
Bundeswehr (Art. 87 b Abs. 1 GG);
Luftverkehr (Art. 87 d Abs. 1 GG);
Bundesautobahnen, -fernstraßen auf Antrag eines Landes (Art. 90 Abs. 3 GG);
Verwaltung durch bestimmte gesetzlich errichtete Bundesbehörden (Art. 87 Abs. 1 S. 2, Abs. 3 GG);

– **mittelbare** = durch bundesunmittelbare Körperschaften und Anstalten des Öffentlichen Rechts, z. B. Sozialversicherungsträger.

(1.4.1.)   Einrichtung der Behörden durch den Bund.

(1.4.2.) Bund erläßt allgemeine Verwaltungsvorschriften.

(1.5.) **Art. 91 a, b GG: Gemeinschaftsaufgaben**

Art. 91 a GG: Mitwirkung des Bundes bei Länderaufgaben, wenn
– Bedeutung für die Gesamtheit;
– Erforderlichkeit zur Verbesserung der Lebensverhältnisse.
Abschließende Aufzählung im Gesetz (Abs. 1).
Nähere Regelung durch zustimmungspflichtiges Bundesgesetz (Abs. 2).
Finanzielle Beteiligung des Bundes zu (mindestens) der Hälfte (Abs. 4).
Art. 91 b GG: Zusammenwirkung aufgrund von Vereinbarungen im Bereich der Bildung und Forschung.

(2.) **Erlaß von Rechtsverordnungen (Art. 80 Abs. 1 GG)**

(2.1.) Ermächtigung nur durch förmliches Gesetz:

Art. 20 Abs. 3 GG (Gesetzmäßigkeit der Exekutive) bedeutet
→ Verbot der mittelbaren Übertragung von Rechtssetzungsbefugnissen durch das Parlament an die Exekutive.
Unantastbarkeit: Art. 79 Abs. 3 GG!

(2.2.) Voraussetzungen des Art. 80 Abs. 1 GG

(2.2.1.) Ermächtigung in einem formellen Gesetz (Satz 1).

(2.2.2.) Adressaten: Bundesregierung, Landesregierung, Bundesminister (Satz 1).
Gilt nur für *Bundes*gesetze.
Ein *Landes*gesetz kann auch andere Stellen als die Landesregierung ermächtigen, wenn diese Ermächtigung dem Rechtsstaatsprinzip genügt (Art. 28 GG).
Bundesregierung = Kollegium (Arg. aus Art. 62 GG)
Landesregierung = Kollegium, aber „Landesregierung" = Rahmenbegriff, der durch das Landesverfassungsrecht ausgefüllt wird.

(2.2.3.) Inhalt, Zweck und Ausmaß der Ermächtigung sind im Gesetz bestimmt (Konkretisierungsgebot) (Satz 2).
Inhaltsbestimmung:
Gesetzgeber muß selbst entscheiden, *daß* eine bestimmte Regelung getroffen werden soll.
Ausmaßbestimmung:

Er muß die Grenzen dieser Regelung festsetzen.
Zweckbestimmung:
Er muß angeben, welchem Ziel die Regelung dienen soll[23].
Inhalt und Zweck und Ausmaß müssen sich nicht unbedingt aus dem Text des Gesetzes, sie können sich auch *aus dem Sinnzusammenhang des Gesetzes mit anderen Vorschriften und aus dem gesetzgeberischen Ziel* ergeben[24].

(2.2.4.) Aus (2.2.3.) folgt:
Verbot gesetzesvertretender Rechtsverordnungen.
Durchbrechung in Art. 119 GG!
Spezialregelung für vorkonstitutionelles Recht in Art. 139 Abs. 3 GG.

(2.2.5.) In der ergehenden Rechtsverordnung muß die Rechtsgrundlage (das ermächtigende formelle Gesetz) genannt werden (Satz 3),

(2.2.6.) Subdelegation nur durch Rechtsverordnung (Satz 4)!
Auch wenn der ursprünglich Ermächtigte von seiner Befugnis zur Subdelegation Gebrauch macht, bleibt er weiterhin selbst zum Erlaß von Rechtsverordnungen berechtigt (Konkurrierende Kompetenz).
Er kann die Subdelegation jederzeit widerrufen sowie durch eigene Verordnungsgebung seinen Willen gegenüber dem des Subdelegaten durchsetzen.

Gesetz in Art. 80 Abs. 1 S. 1 GG = *Bundesgesetz.*
Gesetz in Art. 80 Abs. 1 S. 2, 3, 4 GG = Bundes- *und* Landesgesetz.
Die Länder sind also an die verstärkten Rechtsstaatserfordernisse ebenso gebunden wie der Bund.
Die Landesregierung, die aufgrund bundesgesetzlicher Ermächtigung Rechtsverordnungen erläßt, bleibt *Landesorgan.* Sie setzt *Landesrecht;* wenn sie nicht durch Ermächtigung eindeutig verpflichtet wird (Art. 31 GG), muß sie das *Landesverfassungsrecht* beachten.

(2.3.) Art. 80 Abs. 1 S. 2 GG gilt *nicht* für Satzungen!
(Satzungen = Von autonomen öffentlich-rechtlichen Körperschaften zur Regelung ihrer eigenen inneren Angelegenheiten erlassene Normen.)

---

23 BVerfGE 2, (334); 5, (76f.); 23 (72).
24 BVerfG in stdg. Rspr.: E 19, (362); 24, (15); 38 (358).

Gründe:
1. Selbstverwaltung gibt keine Rechtssetzungsbefugnis.
2. Verleihung der Autonomie zur Rechtssetzungsbefugnis durch gesetzliche Generalklausel.
3. Bei Verleihung der Rechtssetzungsautonomie zum Eingriff in Grundrechte:
Gesetzliche Generalklausel reicht *nicht* aus. Der Gesetzgeber muß eine gegenstandsbezogene Ermächtigungsgrundlage schaffen, die jedoch nicht den Voraussetzungen des Art. 80 Abs. 1 S. 2 unterliegt.
Für die Bestimmtheit der Ermächtigungsgrundlage gilt eine Art „Stufentheorie": Das Wichtige entscheidet der Gesetzgeber, das weniger Wichtige der Satzungsgeber.

(2.4.) Art. 80 Abs. 2 GG: Art der Beteiligung des Bundesrates, also des föderativen Teils der *Legislative,* an der Rechtssetzung nach Art. 80 Abs. 1 GG.

Zustimmungsbedürftigkeit von Rechtsverordnungen der Bundesregierung oder eines Bundesministers
– in bestimmten aufgezählten Bereichen;
– auf Grund von Zustimmungsgesetzen;
– auf Grund von Gesetzen, die von den Ländern gemäß Art. 84 Abs. 1 GG oder 85 Abs. 1 GG ausgeführt werden.
Rechtsverordnungen sind nicht zustimmungsbedürftig, wenn Gesetze, *die der Zustimmung des Bundesrates bedürfen,* dies bestimmen.

c) Rechtsprechung

Die Rechtsprechung gliedert sich in Zivil-, Straf-, Verwaltungs- und Verfassungsprozeßverfahren. Sie wird wahrgenommen von – unabhängigen (Art. 97 GG) – Richtern der jeweiligen Gerichtsbarkeit[25].

Garantiert wird dem einzelnen ein lückenloser gerichtlicher Rechtsschutz durch Art. 19 Abs. 4 GG gegen rechtswidrige Eingriffe der öffentlichen Gewalt in seine Rechte. Die nähere Ausgestaltung des Rechtsweges ist Sache des Gesetzgebers.

---

25 Ordentliche, Arbeits-, Finanz-, Sozial- und Verfassungs-Gerichtsbarkeit.

In staatsorganisationsrechtlichen Fällen wird die rechtsprechende Gewalt im Rahmen der Zulässigkeitsprüfung öffentlich-rechtlicher Rechtsbehelfe und bei der Überprüfung von Gerichtsurteilen im Rahmen der Verfassungsbeschwerde gemäß Art. 93 Abs. 1 Ziff. 4 a GG, §§ 13 Nr. 8 a, 90 ff. BVerfGG relevant. Beide Punkte werden an anderer Stelle ausschließich angesprochen.[26].

---

26 Zur Zulässigkeit öffentlich-rechtlicher Rechtsbehelfe siehe oben unter C. II., S. 26 ff.
   Zur Verfassungsbeschwerde siehe unten unter D. I., S. 65 ff.

D. Technik der Fallösung in Verfassungsrecht
– Grundrechte –

Staatliche Eingriffe in die durch das Grundgesetz garantierten Freiheits- und Gleichheitsrechte des einzelnen sind beliebter Gegenstand staatsrechtlicher Aufgabenstellungen.

Einschlägig prozessuale Verfahrensart ist die Verfassungsbeschwerde gemäß Art. 93 Abs. 1 Nr. 4 a GG, §§ 13 Nr. 8 a, 90 ff. BVerfGG.

Im folgenden werden unter I. die Zulässigkeitsvoraussetzungen dieses Rechtsbehelfs dargestellt.

Gliederungspunkt II. enthält sodann eine Anleitung zur Prüfung von Grundrechtseingriffen sowie Prüfungshinweise und Schemata zu den einzelnen Grundrechten.

I. Zulässigkeit der Verfassungsbeschwerde (Art. 93 Abs. 1 Nr. 4 a GG, §§ 13 Nr. 8 a, 90 ff. BVerfGG)

1. Parteifähigkeit
2. Prozeßfähigkeit
3. Akt öffentlicher Gewalt (§ 90 Abs. 1 BVerfGG)
4. Beschwerdebefugnis (§ 90 Abs. 1 BVerfGG)
5. Rechtsschutzbedürfnis
6. Rechtswegerschöpfung (§ 90 Abs. 2 BVerfGG)
7. Beschwerdefrist (§ 93 BVerfGG)
8. Form (§§ 92, 23 BVerfGG)
9. Annahme zur Entscheidung (§ 93 a BVerfGG)

Die Zulässigkeitsvoraussetzungen sind von Amts wegen zu prüfen.

1. Parteifähigkeit

Nicht geregelt im BVerfGG.
Bedeutet nicht allgemeine Rechtsfähigkeit (§ 50 ZPO, § 61 VwGO),
sondern Grundrechtsfähigkeit, d. h. die Fähigkeit, Träger von Grundrechten zu sein.

Sonderfälle

a) nasciturus: Art. 1 Abs. 1 GG: Menschenwürde; Art. 2 Abs. 2 S. 1 GG: Leben[1].

b) Minderjährige:
   Gleichheitsrechte.
   Verfahrensgarantien.
   Art. 2 Abs. 1 GG (Freie Entfaltung der Persönlichkeit).
   Minderjährige bis 7 Jahre sind nicht parteifähig, soweit Art. 2 Abs. 1 GG und die aus ihm fließenden Freiheitsrechte ein Autonomierecht bei der Selbstentfaltung zuerkennen (z. B. Art. 11 Abs. 1 GG – Freizügigkeit –; Art. 5 Abs. 1 GG – öffentliche Meinungsfreiheit –; Art. 8 Abs. 1 GG – Versammlungsfreiheit –; Art. 9 Abs. 1 GG – Vereinigungsfreiheit –; Art. 21 Abs. 1 S. 1 und 2 GG – Freiheit parteipolitischer Betätigung –.)

c) Inländische juristische Personen des privaten Rechts (Art. 19 Abs. 3 GG): Art. 2 Abs. 1, 3 Abs. 1, 4, 5 Abs. 1, 9 Abs. 1 und 3, 10 Abs. 1, 11 Abs. 1, 13 Abs. 1, 14 Abs. 1 S. 1 GG.

d) Personengesellschaften des privaten Rechts (OHG, KG); Nicht rechtsfähige Vereine:
   Daraus, daß das GG in Art. 19 Abs. 3 ausdrücklich den juristischen Personen Grundrechtsfähigkeit zuerkennt, folgt, daß es die Grundrechtsfähigkeit von Vereinigungen von Menschen voraussetzt[2].

e) Juristische Personen des öffentlichen Rechts:

   (1) Staat als Fiskus.

   (2) Staatliche Einrichtungen, die in einem vom Staat unabhängigen Bereich Grundrechte verteidigen.

---

1 BVerfGE 39, 37 (41)
2 BVerfGE 42, 212 (219); 4, 7 (12); 6, 273 (277).

→ Universitäten[3].
→ Rundfunkanstalten[4].

(3) Alle juristischen Personen des öffentlichen Rechts bezüglich prozessualer Grundrechte (Art. 101 Abs. 1 S. 2 und 103 Abs. 1 GG)[5].

(4) Keine Parteifähigkeit, wenn die juristische Person des öffentlichen Rechts öffentliche Aufgaben wahrnimmt.
Argument: Der Staat kann nicht gleichzeitig Träger und Verpflichtungsadressat von Grundrechten sein[6].
Es ist keine „grundrechtstypische Gefährdungslage" gegeben[7].

(5) Keine Parteifähigkeit von Gemeinden, auch wenn sie sich auf Art. 14 Abs. 1 GG berufen. Grund: Das Eigentum einer Gemeinde dient immer einer öffentlichen Aufgabe[8].

2. Prozeßfähigkeit

Nicht geregelt im BVerfGG.
Bedeutet nicht Prozeßfähigkeit nach § 52 ZPO und § 62 VwGO, sondern Grundrechtsmündigkeit, d. h. die Fähigkeit, den Grundrechtsschutz geltend zu machen.

Sonderfälle
a) Minderjährige: Grundsätzlich keine Prozeßfähigkeit.

Ausnahmen:
(1) § 5 Gesetz über die religiöse Kindererziehung vom 15. Juli 1921 (RGBl. S. 939): Prozeßfähigkeit bezüglich Art. 4 GG ab Vollendung des vierzehnten Lebensjahres.

(2) Wehrpflichtgesetz vom 13. Juni 1986 (BGBl. I S. 879): Prozeßfähigkeit bezüglich Art. 4 Abs. 3 GG und anderer Grundrechte im Wehrdienstbereich nach Heranziehung zum Wehrdienst.

---

3 BVerfGE 15, 256 (262)
4 BVerfGE 12, 205 (260f.): Erstes Rundfunkurteil; BVerfG DÖV 1971, 595 (596): Umsatzsteuerpflicht der Rundfunkanstalten; BVerfG NJW 1982, 1447.
5 BVerfGE 21, 362 (373); 61, 104f.
6 BVerfGE 21, 362 (370); 61, 101.
7 BVerfGE 45, 63 (78f.).
8 BVerfG NJW 1982, 2173 (2174f.).

b) Entmündigte:
   Prozeßfähigkeit im Entmündigungsprozeß.

c) Juristische Personen:
   Keine Prozeßfähigkeit, aber Geltendmachung der Rechte durch gesetzliche
   Vertreter.

d) Privatrechtliche Personenvereinigungen, nicht rechtsfähige Vereine:
   Keine Prozeßfähigkeit, aber Repräsentation durch einige Mitglieder als Be-
   vollmächtigte.

3. Akt öffentlicher Gewalt (§ 90 Abs. 1 BVerfGG)

Entscheidend: Welche Staatsgewalt hat gehandelt?

a) Akt der Gesetzgebung (Legislative);
b) Akt der vollziehenden Gewalt (Exekutive);
c) Akt der Rechtsprechung (Judikative).

zu a) Jede erlassene (gültige) Rechtsnorm ⬍ Gesetz
                                              Rechtsverordnung
                                              Satzung

zu b) Akte der Verwaltung:

(1) Unterlassen von Verwaltungsmaßnahmen.
(2) Justizfreie Hoheitsakte (etwa Gnadenentscheidungen).
(3) Maßnahmen im Besonderen Gewaltverhältnis.
(4) Schlichtes Verwaltungshandeln.
(5) Verwaltungsakte.

Zulässig ist, mit der Verfassungsbeschwerde gleichzeitig die Verwaltungsmaß-
nahme *und* die diesbezüglich ergangene gerichtliche Endentscheidung anzu-
greifen.

zu c) Jede gerichtliche (auch ehren- oder standesgerichtliche) *End*entscheidung.
Grund: Letztinstanzliches Gericht bezieht die Urteilsgründe der Vorderge-
richte in seine Entscheidung mit ein.
Ausnahme: Dringendes schutzwürdiges Interesse des Beschwerdeführers an
einer Beurteilung der Zwischenentscheidung.

4. Beschwerdebefugnis (§ 90 Abs. 1 BVerfGG)

Der Beschwerdeführer muß geltend machen, in einem Grundrecht oder subjektiven Recht gemäß § 90 Abs. 1 BVerfGG verletzt zu sein. Die Verletzung muß *möglich* sein.

Diese Rüge muß sich aus dem Sachvortrag des Beschwerdeführers ausdrücklich ergeben. Das einzelne Grundrecht muß nicht mit seinem Paragraphen benannt werden.

a) Bei Rechtsetzungsakten: Problem des gesetzgeberischen Unterlassens.

Die Rüge der Grundrechtsverletzung durch ein *Unterlassen des Gesetzgebers* ist nur zulässig, wenn der Beschwerdeführer sich auf einen nach Inhalt und Umfang im wesentlichen bestimmten Verfassungsauftrag berufen kann (Art. 6 Abs. 5, 33 Abs. 5 GG).

Die Rüge der Verletzung durch ein *Teilunterlassen* des Gesetzgebers ist nur zulässig, wenn eine Verletzung des Art. 3 Abs. 1 GG gerügt wird.

b) Bei Verwaltungsakten: Kein Problem.

c) Bei Gerichtsentscheidungen:

(1.)   Entscheidungen von Strafgerichten.
Kein Problem: Sie dienen zur Durchsetzung des Strafanspruchs des Staates gegenüber dem Bürger. Die Grundrechte gelten unmittelbar.

(2.)   Entscheidungen von Zivilgerichten.
Problem! Sie beruhen auf der Anwendung von Normen, die für das Verhältnis von Privatpersonen untereinander gelten.

Die Rüge der Verletzung spezifischen Verfassungsrechts ist erforderlich.

(2.1.)   Rüge der Verletzung eines Prozeßgrundrechts (Art. 101 Abs. 1 S. 2, Art. 103 Abs. 1 GG).

(2.2.)   Rüge der Verletzung eines Grundrechts durch die zivilrechtliche Entscheidung aus den folgenden verfassungsrechtlichen Gründen:

(2.2.1.)   Das Gericht habe eine Abwägung des Grundrechts gegen das ihm widerstreitende nicht vorgenommen.

(2.2.2.)   Die Entscheidung beruhe auf einer Verkennung der Reichweite und Bedeutung des Grundrechts.

(Der Richter habe bei der vorgenommenen Abwägung das dem Grundrecht zukommende Gewicht verkannt).

(2.2.3.) Die Entscheidung beruhe auf einer mit den Grundrechten und der von ihnen errichteten objektiven Wertordnung unvereinbaren Auslegung einfachen Rechts[9].

Beachte: Das Bundesverfassungsgericht prüft nicht
– Würdigung des Sachverhalts durch den Zivilrichter, wenn dabei nicht Grundrechte des Beschwerdeführers verletzt wurden.
– Auslegung der einschlägigen Vorschriften durch den Zivilrichter.
– Anwendung von Normen des einfachen Rechts auf den Einzelfall.
– Entscheidungen des Zivilrichters bezüglich des zivilgerichtlichen Verfahrens, wenn nicht Verletzung von Prozeßgrundrechten durch diese gerügt wird.

Das Bundesverfassungsgericht ist kein „Superrevisionsgericht"[10].

5. Rechtsschutzbedürfnis

Aktuelle Beschwer erforderlich.

Für Akte der Gesetzgebung, Rechtsprechung und Exekutive gilt:

Der Beschwerdeführer muß durch den angegriffenen Akt a) selbst, b) gegenwärtig, c) unmittelbar betroffen sein.

Zu c): Für Akte der Rechtsprechung gilt:
– Nur gegen Endentscheidungen ist eine Verfassungsbeschwerde zulässig (Unmittelbarkeit ergibt sich aus Rechtskraft des Urteils).
– Möglichkeit der Anrufung eines Landesverfassungsgerichts wegen Verletzung von in der Landesverfassung eingeräumten Grundrechten schließt die Unmittelbarkeit nicht aus: Die Grundrechte in der Landesverfassung und Grundrechte im Grundgesetz haben einen unterschiedlichen Inhalt:
Sie werden durch verschiedene Normen gewährleistet. Sie richten sich an verschiedene Adressaten.

Für Rechtsnormen gilt:
– Unmittelbare Betroffenheit liegt nur vor, wenn die Norm zur Entfaltung

---

9 Fall 12, Ziff. I. 4.; Fall 13, Ziff. I. 4.; Fall 17, Ziff. I. 4.
10 BVerfGE 1, 7 (9); 18, 85 (93); 32, 311 (316).

ihrer Wirkung gegenüber dem Bürger eines Vollzugsakts nicht mehr bedarf[11]!

6. Rechtswegerschöpfung (§ 90 Abs. 2 BVerfGG)

Nur gegenüber Verwaltungsakten und Gerichtsentscheidungen relevant.

a) Keine Verfassungsbeschwerde gegen erstinstanzliche, noch nicht rechtskräftige Entscheidungen.

b) Keine Verfassungsbeschwerde gegen Akte der Verwaltung, gegen die ein verwaltungsgerichtliches Verfahren möglich ist.

Ausnahmen (§ 90 Abs. 2 S. 2 BVerfGG):

(1.)   Die Verfassungsbeschwerde ist von allgemeiner Bedeutung für die Fortentwicklung der Rechtsprechung des Bundesverfassungsgerichts zum Grundrechtskatalog.

(2.)   Bei Verweis auf den Rechtsweg entstünde dem Beschwerdeführer ein schwerer, nachweisbarer Nachteil.

(3.)   Die Erschöpfung des Rechtswegs ist für den Beschwerdeführer unzumutbar.

(3.1.) Der Beschwerdeführer müßte gegen eine völlig gefestigte Rechtsprechung klagen. Die Klage erscheint also aussichtslos.

(3.2.) Dem Kläger ist die Prozeßkostenhilfe versagt worden wegen offensichtlicher Aussichtslosigkeit der Klage (Beschluß nach § 114 ZPO).

c) Schemata zum Zivil-, Straf- und Verwaltungsrechtsweg

Damit der Bearbeiter nachprüfen kann, ob der Rechtsweg in dem gestellten Fall erschöpft ist, sind nachfolgend Schemata zu den Rechtswegen der Zivil-, Straf- und Verwaltungsgerichte beigefügt.

---

11 BVerfGE 16, 147 (159); BVerfG NJW 1985, 2315 (2316); BVerfG NJW 1986, 1741.

(1.) Zivilrechtsweg

(Instanzielle Zuständigkeit)

(1. 1.) Anfechtung von Urteilen

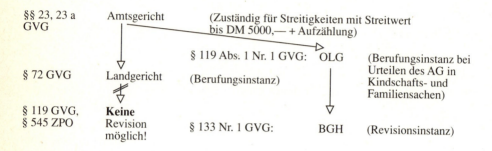

§§ 23, 23 a GVG — Amtsgericht — (Zuständig für Streitigkeiten mit Streitwert bis DM 5000,— + Aufzählung)

§ 72 GVG — Landgericht — § 119 Abs. 1 Nr. 1 GVG: OLG (Berufungsinstanz bei Urteilen des AG in Kindschafts- und Familiensachen)

(Berufungsinstanz)

§ 119 GVG, § 545 ZPO — **Keine** Revision möglich! — § 133 Nr. 1 GVG: BGH (Revisionsinstanz)

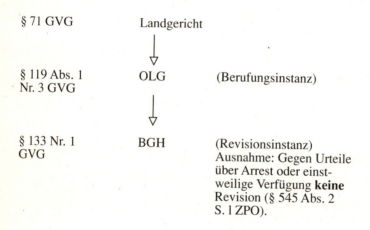

§ 71 GVG — Landgericht

§ 119 Abs. 1 Nr. 3 GVG — OLG — (Berufungsinstanz)

§ 133 Nr. 1 GVG — BGH — (Revisionsinstanz) Ausnahme: Gegen Urteile über Arrest oder einstweilige Verfügung **keine** Revision (§ 545 Abs. 2 S. 1 ZPO).

(1. 2.) Anfechtung von Beschlüssen und Verfügungen

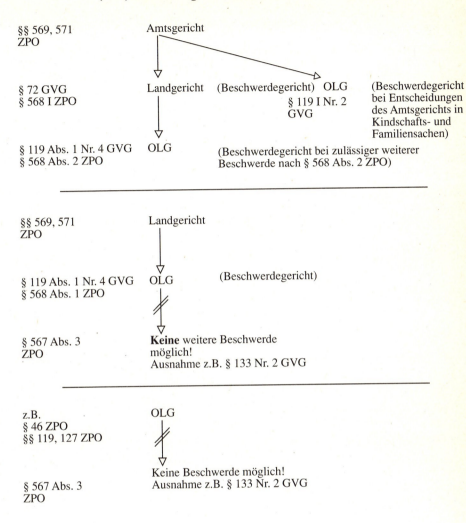

§§ 569, 571
ZPO — Amtsgericht

§ 72 GVG
§ 568 I ZPO — Landgericht (Beschwerdegericht) OLG
§ 119 I Nr. 2 GVG

(Beschwerdegericht bei Entscheidungen des Amtsgerichts in Kindschafts- und Familiensachen)

§ 119 Abs. 1 Nr. 4 GVG
§ 568 Abs. 2 ZPO — OLG

(Beschwerdegericht bei zulässiger weiterer Beschwerde nach § 568 Abs. 2 ZPO)

§§ 569, 571
ZPO — Landgericht

§ 119 Abs. 1 Nr. 4 GVG
§ 568 Abs. 1 ZPO — OLG (Beschwerdegericht)

§ 567 Abs. 3
ZPO — **Keine** weitere Beschwerde möglich!
Ausnahme z.B. § 133 Nr. 2 GVG

z.B.
§ 46 ZPO
§§ 119, 127 ZPO — OLG

§ 567 Abs. 3
ZPO — Keine Beschwerde möglich!
Ausnahme z.B. § 133 Nr. 2 GVG

(2.) Strafrechtsweg

(Instanzielle Zuständigkeit)

Amtsgericht

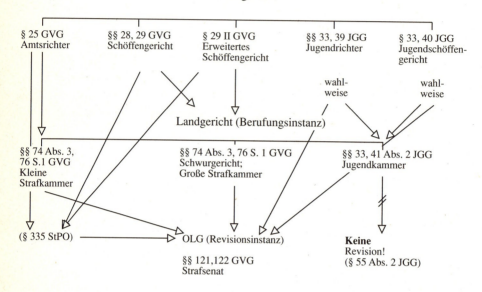

§ 25 GVG
Amtsrichter

§§ 28, 29 GVG
Schöffengericht

§ 29 II GVG
Erweitertes
Schöffengericht

§§ 33, 39 JGG
Jugendrichter

§ 33, 40 JGG
Jugendschöffen-
gericht

wahl-
weise

wahl-
weise

Landgericht (Berufungsinstanz)

§§ 74 Abs. 3,
76 S.1 GVG
Kleine
Strafkammer

§§ 74 Abs. 3, 76 S. 1 GVG
Schwurgericht;
Große Strafkammer

§§ 33, 41 Abs. 2 JGG
Jugendkammer

(§ 335 StPO)

OLG (Revisionsinstanz)

§§ 121, 122 GVG
Strafsenat

Keine
Revision!
(§ 55 Abs. 2 JGG)

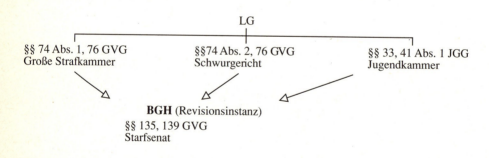

LG

§§ 74 Abs. 1, 76 GVG
Große Strafkammer

§§ 74 Abs. 2, 76 GVG
Schwurgericht

§§ 33, 41 Abs. 1 JGG
Jugendkammer

BGH (Revisionsinstanz)
§§ 135, 139 GVG
Starfsenat

OLG
§§ 120, 122 GVG
Strafsenat

BGH (Revisionsinstanz)
§§ 135 Abs. 1, 139 Abs. 1 GVG: Strafsenat

(3.) Verwaltungsrechtsweg

(Instanzielle Zuständigkeit)

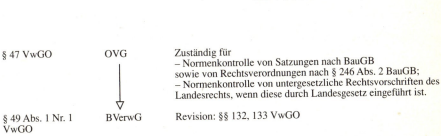

§ 45 VwGO:	Verwaltungsgericht	Zuständig für alle verwaltungs-rechtlichen Streitigkeiten.
§ 46 VwGO:	OVG	Berufung gegen Urteile des Verwaltungs-gerichts; Beschwerde gegen sonstige Entscheidungen des Verwaltungsgerichts; Revision gegen Urteile des Verwaltungs-gerichts nach § 145 VwGO.
§ 49 VwGO:	BVerwG	Revision gegen Berufungsurteile des OVG: §§ 132, 133 VwGO; Revision gegen Urteile des VG: §§ 134, 135 VwGO.

| § 47 VwGO | OVG | Zuständig für
– Normenkontrolle von Satzungen nach BauGB sowie von Rechtsverordnungen nach § 246 Abs. 2 BauGB;
– Normenkontrolle von untergesetzliche Rechtsvorschriften des Landesrechts, wenn diese durch Landesgesetz eingeführt ist. |
| § 49 Abs. 1 Nr. 1 VwGO | BVerwG | Revision: §§ 132, 133 VwGO |

| § 50 VwGO | BVerwG | (Erstinstanzliche Zuständigkeit) |

77

7. Beschwerdefrist (§ 93 BVerfGG)

Ausschlußfrist!
→   Keine Wiedereinsetzung in den vorigen Stand!
      § 93 Abs. 2: gegen Rechtsnormen
                         → Jahresfrist.
      § 93 Abs. 1: gegen sonstige Hoheitsakte
                         → Monatsfrist.

8. Form

§ 92 BVerfGG: Begründung.

Angabe des Rechtsgrunds → Angabe des verletzten Rechts.
Angabe des Gegenstandes → Angabe des Aktes öffentlicher Gewalt.

§ 23 Abs. 1 S. 1 BVerfGG: Schriftform.

Beachte!
a) Bei Verfassungsbeschwerden gegen ein Unterlassen des Gesetzgebers:
→ Antrag auf Verpflichtung zum Erlaß eines Gesetzes.

b) Bei Verfassungsbeschwerden gegen ein Teilunterlassen des Gesetzgebers:
→ Antrag auf Feststellung eines Verstoßes gegen Art. 3 Abs. 1 GG.

(Kein Nichtigkeitsantrag!
Der Beschwerdeführer hat nur an der Beseitigung des ihn benachteiligenden Teils des Gesetzes ein Interesse.
Kein Verpflichtungsantrag!
Der Beschwerdeführer hat keinen Anspruch auf ein Tätigwerden des Gesetzgebers.)

9. Annahme zur Entscheidung (§ 93 a BVerfGG)

§§ 93 a, 93 b BVerfGG: Vorprüfung durch die Kammer (§ 15 a BVerfGG), bestehend aus drei Richtern.

§ 93 b Abs. 1 BVerfGG: Ablehnung der Annahme zur Entscheidung durch einstimmigen Beschluß der Kammer.

§ 93 b Abs. 2 BVerfGG: Stattgebender, einstimmiger Beschluß der Kammer bei offensichtlicher Begründetheit.

§ 93 c BVerfGG: Liegen Beschlüsse nach § 93 b Abs. 1 und 2 BVerfGG nicht vor: Entscheidung des Senats über die Annahme.

II. Begründetheitsprüfung der Verfassungsbeschwerde – Grundrechtsverletzung –

Die Verfassungsbeschwerde ist begründet, wenn der Beschwerdeführer in seinen Grundrechten verletzt ist (§ 90 Abs. 1 BVerfGG).

In der Entscheidung des Bundesverfassungsgerichts wird der Akt der Verwaltung oder Rechtsprechung aufgehoben (§ 95 Abs. 2 BVerfGG), das ihm etwa zugrundeliegende verfassungswidrige Gesetz für nichtig erklärt (§ 95 Abs. 3 S. 2 BVerfGG).

Bei Verfassungsbeschwerden gegen ein Gesetz erklärt das Bundesverfassungsgericht dieses für nichtig (§ 95 Abs. 3 S. 1 BVerfGG).

Die Wirkung der Entscheidung richtet sich nach § 31 BVerfGG.

§ 31 Abs. 1: Bindung aller Gewalten.

§ 31 Abs. 2 S. 2: Gesetzeskraft
– der Nichtigerklärung eines Gesetzes nach § 95 Abs. 3 S. 2 BVerfGG;
– der Feststellung der Vereinbarkeit einer Norm mit dem Grundgesetz;
– der Feststellung der Unvereinbarkeit mit dem Grundgesetz;
– der Feststellung, daß eine bestimmte Auslegung eines Gesetzes mit dem Grundgesetz unvereinbar sei[1]

---

1 Erwähnung finden soll hier auch die Möglichkeit einer Verfassungsbeschwerde von Gemeinden und Gemeindeverbänden nach Art. 93 Abs. 1 Nr. 4 b GG, § 91 BVerfGG.
I. Zulässigkeit
1. Bundes- oder Landesgesetz (Art. 93 Abs. 1 Nr. 4 b GG, § 91 BVerfGG)
= Norm jeden Ranges
2. Geltendmachung der Verletzung des Selbstverwaltungsrechts (Art. 28 Abs. 2 GG)
(Art. 93 Abs. 1 Nr. 4 b GG, § 91 BVerfGG)
3. Rechtsschutzbedürfnis
Die Norm muß unmittelbar in das Selbstverwaltungsrecht eingreifen.
4. Subsidiarität (Art. 93 Abs. 1 Nr. 4 a GG, § 91 BVerfGG)
Bei Verfassungsbeschwerden gegen Landesrechtsnormen:
Zulässigkeit nur, wenn nicht eine Verfassungsbeschwerde oder Normenkontrollklage nach dem Landesrecht beim Landesverfassungsgericht erhoben werden kann.
5. Frist (§ 93 Abs. 2 BVerfGG): 1 Jahr
6. Annahmeverfahren (§ 93 a BVerfGG)
II. Begründetheit

1. Übersicht über die Grundrechte

a) Aufzählung:

Der Grundrechtskatalog umfaßt Art. 1 (?)[2], 2–17, 19 Abs. 4 (Rechtsweggarantie), 21 Abs. 1 S. 2 GG (Parteienfreiheit), 33 Abs. 1, 2 und 3; 101 Abs. 1 S. 2 (Recht des Bürgers auf den ihm gesetzlich zustehenden Richter); 103 Abs. 1 (Rechtlicher Gehör), 104 (Formelle Freiheitsgewährleistung); 38 Abs. 1 GG.

b) Doppelcharakter:

(1.) Subjektive Rechte. Dazu gehören nicht: Art. 7 Abs. 1, Abs. 3 S. 1 und 2, Abs. 5 GG.

(2.) Rechtssätze objektiven Rechts. Dazu gehören alle Grundrechte, also Individualrechte und Institutionsgarantien.

Durch die Grundrechte wird dem einzelnen ein auf der Verfassung beruhender Status konkret bestimmten Inhalts, ein *materieller Rechtsstatus* gewährleistet.

Zu (1.) Grundrechte als subjektive Rechte

(1.1.) Unterscheidung nach Grundrechtsträgern:

Menschenrechte (Art. 2–6 GG). Sie stehen jedermann zu.
Bürgerrechte (Art. 8 Abs. 1; 9 Abs. 1, 3; 11 Abs. 1; 12 Abs. 1 S. 1 GG). Sie stehen nur Deutschen zu.

(1.2.) Unterscheidung nach den Funktionen der Grundrechte:

– Abwehrrechte gegen den Staat (Grundfunktion);

– Schutzfunktion (Gebot an die Staatsorgane, Gefahren und Hindernisse für die Verwirklichung grundrechtlich geschützter Interessen abzuwehren[3].

– Mitwirkungsrechte (Rechte auf Mitwirkung am geistigen, sozialen und politischen Leben des Gemeinwesens (Art. 4 Abs. 1, 2; Art. 5 Abs. 1, 3; Art. 8 Abs. 1; Art. 9 Abs. 1, 3; Art. 38 Abs. 1 GG).

Die Verfassungsbeschwerde ist begründet, wenn die Gemeinde/der Gemeindeverband durch die Norm in ihrem/seinem Selbstverwaltungsrecht verletzt ist.

2 Fall 12, Ziff. II.2.1.

3 Siehe: Abtreibungsurteil, BVerfGE 39, 1 (42).

– Leistungs- und Forderungsrechte (Rechte auf Teilhabe an staatlichen Leistungen, die sich insbesondere aus dem Gleichheitssatz und dem Sozialstaatsprinzip ergeben[4].

– Recht auf demokratische Mitbestimmung[5]

Zu (2.) Grundrechte als objektive Rechtssätze

(2.1.) Negative Kompetenzbestimmungen für die staatlichen Gewalten.

Z. B.: Bestimmung der Grenzen einer Regelung des Presserechts durch Art. 5 Abs. 1 GG; Regelung des Vereins- und Versammlungsrechts durch Art. 8 Abs. 1, 9 Abs. 1 GG; Regelung der Einkommenssteuer durch Art. 3 Abs. 1 GG.

(2.2.) Bestandteile und Grundlagen der objektiven Ordnung des Gemeinwesens.

(2.2.1.) Grundlagen demokratischer Ordnung
(Art. 3 Abs. 1, 21 Abs. 1 S. 2, 38 Abs. 1; Art. 4, 5 Abs. 1, 8 Abs. 1, 9 Abs. 1, 3 GG).

(2.2.2.) Grundlagen rechtsstaatlicher Ordnung
(Art. 3 Abs. 1, 21 Abs. 1 S. 2, 38 Abs. 1; 19 Abs. 4; 101 Abs. 1 S. 2; 103 Abs. 1 GG).

(2.2.3.) Institutionsgarantien außerhalb des spezifisch staatlichen Lebens.
Art. 6 Abs. 1 GG: Ehe und Familie;
Art. 14 Abs. 1 S. 1 GG: Eigentum und Erbrecht;
Art. 4 Abs. 1, 2 GG ⎫
Art. 5 Abs. 1, 3 GG ⎬ Religiöses und geistiges Leben;
Art. 9 Abs. 1 GG: Soziale Gruppenbildung;
Art. 7 Abs. 1 GG: Schulwesen.

Unter Institutionsgarantien oder institutionellen Garantien versteht man die Gewährleistung von öffentlich-rechtlichen Instituten des objektiven Rechts. Dagegen werden als Institutsgarantien vielfach die Garantien zivilrechtlicher Einrichtungen, wie z. B. des Eigentums, bezeichnet.

---

4 Siehe: Numerus-clausus-Urteil, BVerfGE 33, 303 (330 ff.).
5 Siehe: Hochschulurteil, BVerfGE 35, 79 (128).

c) Arten der Grundrechte, unterschieden nach ihren Garantiebereichen

(1.) Freiheitsrechte (Gewährleistung eines Handlungsbereichs zur Betätigung nach freiem Willen)

Allgemeines Freiheitsrecht: Art. 2 Abs. 1 GG.

Dieses Grundrecht ist immer nur subsidiär zu prüfen, d. h. nur dann, wenn kein anderes Freiheitsrecht anwendbar ist.

Besondere Freiheitsrechte: Art. 2 Abs. 2, Art. 4, 5 Abs. 1, 6 Abs. 1, 8 Abs. 1, 9 Abs. 1, 10 Abs. 1, 11 Abs. 1, 12 Abs. 1 S. 1, 13 Abs. 1, 14 Abs. 1 S. 1, 104 Abs. 1 GG.

(2.) Gleichheitsrechte (Willkürverbot)

Allgemeiner Gleichheitssatz: Art. 3 Abs. 1 GG.

Besondere Gleichheitssätze: Art. 3 Abs. 2 und 3; 21 Abs. 1 S. 2, 33 Abs. 1, 2, 3; 38 Abs. 1 GG.

(3.) Besondere Grundrechte

Sie sind in ihrer Struktur den Freiheitsrechten gleich, garantieren aber keine Freiheiten, sondern bestimmen Rechte.

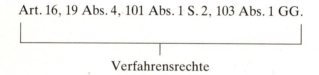

Art. 16, 19 Abs. 4, 101 Abs. 1 S. 2, 103 Abs. 1 GG.

Verfahrensrechte

2. Prüfung von Grundrechtseingriffen

a) Eingriffe in Freiheitsrechte

(1.) **Betroffenheit des Freiheitsrechts**

(1.1.) Ermittlung des Freiheitsbereichs des Grundrechts, der gekennzeichnet ist durch den jeweiligen *Leitbegriff* des Grundrechts.

(1.2.) *Auslegung* des Leitbegriffs und *Subsumtion* des staatlichen Verhaltens unter den Leitbegriff.

(1.3.) Vorliegen der übrigen Tatbestandsmerkmale des Grundrechts

(1.3.1.) Persönlicher Art, z. B. „Deutscher" in Art. 8 Abs. 1, 9 Abs. 1, 11 Abs. 1, 12 Abs. 1 S. 1 GG. Hier auch Prüfung der Grundrechtsträgerschaft juristischer Personen sowie von Personenvereinigungen.

(1.3.2.)   Sachlicher Art, z. B. „friedlich", „ohne Waffen" in Art. 8 Abs. 1 GG; „in Wort, Schrift und Bild" in Art. 5 Abs. 1 GG.

(2.)   **Verfassungsmäßigkeit des Eingriffs**
             Voraussetzungen für die Verfassungsmäßigkeit des Grundrechtseingriffs sind:

(2.1.)   Beachtung der sogenannten immanenten Schranken des Grundrechts.
             Jedes Grundrecht besitzt immanente Schranken. Bei ihrer Feststellung ist grundsätzlich auf die Besonderheiten der einzelnen Freiheitsrechte abzustellen. Der Grundrechtsschutz wird insoweit versagt, als ein Schutz nach dem Sinn und Zweck des Grundrechts selbst nicht mehr gewährleistet werden kann. Auf diese Art und Weise werden auch „schrankenlos" gewährleistete Grundrechte begrenzt.

(2.1.1.)   Kein Grundrechtsschutz bei völlig unerheblicher Beeinträchtigung[6].

(2.1.2.)   Immanente Begrenzung des Schutzbereichs eines Freiheitsrechts durch die Grundrechte anderer.
             Folge: Güterabwägung.
             Voraussetzungen für die Beeinträchtigung der Grundrechte anderer: Entweder liegt ein Eingriff in das andere Grundrecht vor (Störung), oder es besteht eine unmittelbare und konkrete Gefahr der Beeinträchtigung des anderen Grundrechts.

(2.1.3.)   Begrenzung durch die Erhaltung der verfassungsmäßigen Grundordnung der Bundesrepublik Deutschland.
             Folgerung aus Art. 79 Abs. 3 GG i. V. m. Art. 1 und 20 GG.

(2.1.4.)   Begrenzung durch das Gebot der Erhaltung des Friedens und der Völkergemeinschaft.
             Folgerung aus Art. 26 Abs. 1, 9 Abs. 2 GG

(2.1.5.)   Begrenzung durch andere Rechtsnormen, die den einzelnen oder die Allgemeinheit schützen.
             Voraussetzung: Güterabwägung.
             Die Verletzung der anderen Rechtsnorm muß eindeutig schwerer wiegen als die Beeinträchtigung des Grundrechts.

(2.2.)   Verfassungsrechtlich zulässige Einschränkung des so konkretisierten Schutzbereichs.

---

6   BVerwG NJW 1972, 1726 („Haarerlaß")

(2.2.1.) Gesetzesvorbehalt im Grundrecht!

(2.2.2.) Erfüllung der tatbestandlichen Voraussetzungen des Gesetzesvorbehalts durch die einschränkende Maßnahme.

Bei Gesetzen:

(2.2.3.) Formelle Rechtmäßigkeit des Gesetzes:
Zuständigkeit des Gesetzgebers zum Erlaß des Gesetzes (Art. 70 ff. GG);
Zustandekommen des Gesetzes im ordnungsgemäßen Verfahren (Art. 76 ff. GG).

(2.2.4.) Beachtung der besonderen Voraussetzungen, die gegebenenfalls im Gesetzesvorbehalt enthalten sind (z. B. Art. 13 Abs. 2, 3 GG), durch das Gesetz.

(2.2.5.) Beachtung der
Art. 19 Abs. 1 S. 1 GG (Verbot des Einzelfallgesetzes),
Art. 19 Abs. 1 S. 2 GG (Zitiergebot),
Art. 19 Abs. 2 GG (Wesensgehalt).
Der Wesensgehalt des Grundrechts darf nicht angetastet werden. Es handelt sich bei der Wesensgehaltsgarantie um eine absolute Eingriffsgrenze. Die Beschränkung des Grundrechts darf nicht soweit gehen, daß dem Grundrechtsträger keine einzige Möglichkeit zur Verwirklichung seines Grundrechts mehr verbleibt.

(2.2.6.) Beachtung der Grundsätze des Art. 20 GG:
Demokratie,
Republik,
Bundesstaat,
Sozialstaat,
Rechtsstaat; zum Rechtsstaatprinzip gehört insbesondere der Grundsatz der Verhältnismäßigkeit, der als ungeschriebene Voraussetzung für die Rechtmäßigkeit jeden Eingriffs in ein Grundrecht zu beachten ist.

Exkurs:
Inhalt und Bedeutung des **Verhältnismäßigkeitsprinzips**
Der Grundsatz der Verhältnismäßigkeit setzt sich aus drei Komponenten zusammen:

→ **Geeignetheit:** Das Mittel, das zur Einschränkung des Grundrechts angewandt wird, muß zur Erreichung des gesetzgeberischen Zieles tauglich sein.

→ **Erforderlichkeit:** Es darf kein milderes Mittel geben, mit dem das gesetzgeberische Ziel ebenso erfolgreich erreicht werden könnte.

→ **Verhältnismäßigkeit i. e. S.:** Das öffentliche Interesse, das unter Ausnutzung des Gesetzesvorbehalts gefördert wird, darf in seiner Wertigkeit nicht außer Verhältnis zu der Intensität des Eingriffs in das Grundrecht stehen.

Dieses Erfordernis macht eine Güterabwägung zwischen dem öffentlichen Interesse und dem Grundrechtsschutz erforderlich.

Der Eingriff ist nur dann verfassungswidrig, wenn er offensichtlich fehlsam oder mit der Wertordnung des Grundgesetzes unvereinbar ist.

(2.2.7.) Beachtung des Art. 1 Abs. 1 GG (Menschenwürde)

(2.2.8.) Bei der Prüfung der Verfassungsmäßigkeit von Maßnahmen aufgrund eines Gesetzes sind zunächst die oben angegebenen Voraussetzungen für die Verfassungsmäßigkeit des Gesetzes zu prüfen. Daraufhin sind in bezug auf die konkrete Maßnahme selbst zu prüfen:
Formelle Rechtmäßigkeit der Maßnahme.
Beachtung der Grundsätze oben unter (2.2.5.), (2.2.6.), (2.2.7.).

b) Eingriffe in Gleichheitsrechte

Es bestehen der allgemeine Gleichheitsgrundsatz in Art. 3 Abs. 1 GG sowie die speziellen Differenzierungsverbote in Art. 3 Abs. 2, 3, Art. 6 Abs. 5, Art. 38 Abs. 1 GG.

Der Gleichheitsgrundsatz enthält ein Verbot objektiver Willkür, d. h. ein Verbot der objektiven Unangemessenheit einer Maßnahme im Verhältnis zu dem Zweck, der mit dieser Maßnahme verfolgt wird.

Ein Gesetz verletzt Art. 3 Abs. 1 GG, wenn kein hinreichender, sachlich vertretbarer Grund für die Regelung besteht.

Fälle:
(1.) Es ist kein Grund ersichtlich.
(2.) Der angegebene Grund entspricht nicht den Tatsachen.
(3.) Die Differenzierung erfolgt zu einem unzulässigen Zweck.
(4.) Die Differenzierung ist ungeeignet zur Erreichung des verfolgten Zwecks.
(5.) Es besteht kein sachlicher innerer Zusammenhang zwischen Mittel und Zweck.
(6.) Die Mittelzweckrelation ist unverhältnismäßig.

(7.) Auch eine Gleichbehandlung ungleicher Fälle kann gegen Art. 3 Abs. 1 GG verstoßen. Das ist dann der Fall, wenn die Ungleichheit der geregelten Fälle so bedeutsam ist, daß ihre Gleichbehandlung bei einer am Gerechtigkeitsgedanken orientierten Betrachtungsweise unerträglich erscheint.

Sonderfall:
Sogenannte Selbstbindung der Verwaltung aufgrund des Gleichheitssatzes.
Hat die Behörde einzelne Entscheidungen in einer bestimmten Weise getroffen, so darf sie in anderen Entscheidungen vergleichbarer Fälle nur aus sachlich einleuchtenden Gründen abweichen.

Zwei Grenzen der Selbstbindung:
→ Es gibt keine Selbstbindung durch rechtswidrige Maßnahmen.
→ Es besteht die Möglichkeit der Änderung einer bestimmten Praxis aus sachlichen Gründen, soweit der Betroffene auf die Beibehaltung der Praxis nicht vertrauen durfte (etwa aufgrund einer Zusage der Behörde oder sonstiger vertrauensbildender Maßnahmen ihrerseits).

3. Aufbauhinweise für die Prüfung einzelner Grundrechte[7]

a) Art. 3 Abs. 1 GG: Allgemeiner Gleichheitsgrundsatz

Spezielle Differenzierungsverbote enthalten Art. 3 Abs. 2 und Abs. 3, Art. 6 Abs. 5, Art. 38 Abs. 1 GG.

(1.) **Rechtssetzungsgleichheit**
→ Verbot objektiver Willkür
= Verbot der objektiven Unangemessenheit einer Maßnahme im Verhältnis zu dem gesetzgeberischen Zweck, der mit dieser verfolgt wird.

Ein Gesetz verletzt Art. 3 Abs. 1 GG, wenn kein hinreichender, sachlich vertretbarer Grund für die Regelung besteht.

(1.1.) Fälle:
– Kein Grund ersichtlich.
– Angegebener Grund entspricht nicht den Tatsachen.
– Differenzierung zu einem unzulässigen Zweck (z. B. Wohngeld an Mieter von Luxuswohnungen).

---

7 Art. 2 und Art. 5 GG werden ausführlich in den Fällen 11, 12/13, 14, 15 dargestellt und müssen daher nicht noch einmal gesondert in den folgenden Aufbauhinweisen behandelt werden.

- Ungeeignetheit der Differenzierung zur Erreichung des verfolgten Zwecks.
- Kein sachlicher innerer Zusammenhang zwischen Mittel und Zweck
  (z. B.: Erhebung eines Steuerzuschlags zur „Auflockerung von Ballungsgebieten").
- Unverhältnismäßigkeit Mittel – Zweck
  (z. B.: Beamte im Alter von 40 bis 45 Jahren werden von Gehaltserhöhungen ausgeschlossen, da nicht genügend Geld zur Verfügung stehe.)

Zweckmäßigkeitserwägungen sind nicht anzustellen.

(1.2.)   Ungerechtfertigte Ungleichbehandlung:
Es besteht kein sachlich hinreichender Grund für die Ungleichbehandlung.

(1.3.)   Ungerechtfertigte Gleichbehandlung (Strengere Anforderungen, da Art. 3 Abs. 1 GG gerade *Gleich*behandlung fordert):
Ungleichheit der geregelten Fälle ist so bedeutsam, daß ihre Gleichbehandlung bei einer am Gerechtigkeitsgedanken orientierten Betrachtungsweise unerträglich erschiene.

(2.)   **Gleichheit vor dem Gesetz**

Gebot des Gesetzesvollzugs durch die Verwaltung und der Rechtsanwendung durch die Rechtsprechung ohne Ansehen der Person.

Beachte: Sogenannte **Selbstbindung** aufgrund des Gleichheitssatzes

Inhalt:
Hat die Verwaltung einzelne Entscheidungen in einer bestimmten Weise getroffen, so darf sie bei anderen Entscheidungen vergleichbarer Fälle nur aus *sachlich einleuchtenden Gründen* abweichen.

Zwei Grenzen der Selbstbindung:
- Rechtmäßigkeit der Ermessensausübung
  Es gibt keine Selbstbindung durch rechtswidrige Maßnahmen, also im Unrecht.
- Möglichkeit der Änderung einer bestimmten Praxis aus sachlichen Gründen, d. h.
  - wenn sich die Voraussetzungen derart geändert haben, daß die Praxis den mit ihr ursprünglich verfolgten Sinn und Zweck nicht mehr erfüllt;

– wenn eine grundlegende Änderung dahin vorgenommen wird, bisher geduldete rechtswidrige Maßnahmen der Bürger von nun an zu unterbinden (Beispiel: Schwarzbauten).

Die Grenzen der Selbstbindung finden ihre Grenzen am Vertrauensschutz

– durch *Zusage* (der Duldung eines rechtswidrigen Zustandes).
Sie steht unter dem Vorbehalt, daß sich die Sach- und Rechtslage nicht ändert (vgl. § 38 Abs. 3 VwGO).
Wirkungen:
Keine Rückgängigmachung der Ergebnisse des rechtswidrigen Verhaltens des Bürgers durch die Behörde (z. B. kein Abriß eines Schwarzbaus).
Keine Änderung der Praxis für die Zukunft.
– durch *Duldung.*
Voraussetzungen:
Die Behörde hat dem Bürger Anlaß zu seinem Vertrauen gegeben. (Z. B.: Sie ist in einer größeren Zahl gleichliegender Fälle nicht eingeschritten.)
Das Einschreiten der Behörde stand in ihrem Ermessen.
Der Bürger hat im Vertrauen auf das Nichteinschreiten Maßnahmen, insbesondere Vermögensdispositionen getroffen.
Wirkung:
Keine Rückgängigmachung der *Ergebnisse* des rechtswidrigen Verhaltens.
Aber: Änderung der Praxis *für die Zukunft* möglich.

Bei Änderung der Praxis für die Zukunft ist zu beachten:
Der von der Änderung Betroffene
(z. B. derjenige unter vielen anderen, dessen bauordnungswidrig erbautes Bauwerk abgerissen werden soll)
hat einen Anspruch auf fehlerfreie Ermessensausübung durch die Verwaltung, d. h. auf nicht willkürliche Behandlung, und damit darauf, daß dem Einschreiten der Verwaltung ihm gegenüber ein bestimmtes, der jeweiligen Sachlage angemessenes System zugrunde liegt und daß dieses System folgerichtig durchgeführt wird.
Bei der Korrektur rechtswidrigen Verwaltungshandelns ist also der Gleichheitssatz zu beachten.

b) Art. 4 GG: Glaubens- und Gewissensfreiheit

(1.) Obj. Rechtssatz:
→ Verpflichtung des Staates zu weltanschaulicher Neutralität.

(2.) Subjektiv-öffentliches Recht:

(2.1.) **Glaubensfreiheit:**
Glauben: Überzeugung davon, was als absolut Gültiges hinter den Erscheinungen der Welt steht. Diese Überzeugung muß nicht auf rationalen Überlegungen beruhen. (Auch der Atheismus ist geschützt.)

(2.1.1.) Innere Glaubensfreiheit:
Bildung einer Überzeugung vor dem „Forum internum".

(2.1.2.) Bekenntnisfreiheit:
Freiheit der Kundgabe der eigenen Glaubensüberzeugung mit den Mitteln Wort, Schrift, Bild, Plastik, Gesten, Musik.

(2.1.2.1.) Recht, die Kundgabe vorzunehmen = positive Bekenntnisfreiheit.

(2.1.2.2.) Recht, die Kundgabe zu unterlassen = negative Bekenntnisfreiheit. Die Bekenntnisfreiheit ist ein Sonderfall der Meinungsfreiheit in Art. 5 Abs. 1 S. 1 GG.

(2.1.3.) Freiheit der Verwirklichung der inneren Glaubensüberzeugung

(2.1.3.1.) durch Unterlassen = negative Glaubensverwirklichungsfreiheit;

(2.1.3.2.) durch positives Tun = positive Glaubensverwirklichungsfreiheit.

Sonderfälle:
– Religionsausübungsfreiheit (Art. 4 Abs. 2 GG)
  Sie umfaßt:
  – Kulthandlungen;
  – Religiöse Bräuche
    (Gottesdienst, Prozession, Sammlung der Kollekte, Zeigen von Kirchenfahnen, Gebete, Glockengeläut);
  – Äußerungen des religiösen und weltanschaulichen Lebens
    (Religiöse Erziehung, freireligiöse und atheistische Feiern, karitative Tätigkeit[8]).

---

8 BVerfGE 24, 236 (246).

  – Sonstige Handlungen zur Glaubensverwirklichung:
    – Werbung für den eigenen Glauben;
    – Abwerbung von einem anderen Glauben[9];
    – Vermittlung religiöser und weltanschaulicher Überzeugung durch Eltern an ihre Kinder[10];
    – Eidesverweigerung[11].

(2.2.) **Gewissensfreiheit:**
Gewissen: Irrationale Entscheidungsinstanz, die dem Menschen im Einzelfall sagt, wie er sich „richtig" zu verhalten habe.

(2.2.1.) Innere Gewissensfreiheit: Recht, eine freie Gewissensentscheidung zu treffen.
Unter Gewissensentscheidung ist jede an „Gut" und „Böse" orientierte ernsthafte, sittliche Entscheidung zu verstehen, die der einzelne als für sich bindend und unbedingt verpflichtend innerlich erfährt, so daß er nicht ohne ernste Gewissensnot gegen sie handeln könnte[12].

Der Staat darf nicht in die Entscheidungsfindung des einzelnen eingreifen.

Er darf keine Santkionen an eine bestimmte Gewissensentscheidung knüpfen.

(2.2.2.) Freiheit der Verwirklichung der inneren Gewissensentscheidung

Sonderfall: Kriegsdienstverweigerung aus Gewissensgründen (Art. 4 Abs. 3 GG)
    – Absolute Kriegsdienstverweigerung:
      Ablehnung jeder Waffenanwendung schlechthin und allgemein.
    – Situationsbedingte Kriegsdienstverweigerung:
      Allgemeine Ablehnung des Kriegs in der augenblicklichen historisch-politischen Situation.
      Nur bei außergewöhnlich schwerer Gewissensbelastung eines solchen Kriegsdienstverweigerers kann ein Recht auf Kriegsdienstverweigerung direkt aus Art. 4 Abs. 3 GG hergeleitet werden[13].
      Ansonsten ist ein Schutz nicht erforderlich.

---

 9 BVerfGE 24, 236 (245).
10 BVerfGE 41, 41 (47f.).
11 BVerfGE 33, 23 (26ff.).
12 BVerfGE 23, 191 (205).
13 BVerfGE 12, 45 (57f.).

Art. 4 Abs. 3 GG schützt nur die Freiheit, den Kriegsdienst *mit der Waffe* zu verweigern.

c) Art. 8 Abs. 1 GG: Versammlungsfreiheit

(1.)   Rechtsgutsträger: Deutsche.

(2.)   Schutzgut: Versammlung.
Eine Versammlung ist jedes Zusammenkommen von mindestens zwei Personen zum Zweck jeder Art von gemeinsamer Meinungsbildung und -äußerung sowie des Meinungsempfangs. Dazu zählen *nicht* bloße Ansammlungen, Lehrveranstaltungen und Veranstaltungen sportlicher oder unterhaltender Art wie Ausstellungen, Konzerte, Theater- und Filmvorführungen, Tanzveranstaltungen und Märkte.

(2.1.)   Friedlich[14].
Die Voraussetzung ist durch eine negative Inhaltsbestimmung zu definieren.
Unfriedlich ist eine Versammlung,
– wenn durch sie physische Gewalt gegen Sachen oder Personen angewandt oder angedroht wird;
– wenn die Versammlung sonst Rechte anderer beeinträchtigt. Die Rechtsbeeinträchtigung Dritter ist im Lichte des Grundrechts aus Art. 8 Abs. 1 GG zu beurteilen („Schaukeltheorie" des BVerfG)[15].

(2.2.)   Ohne Waffen.
Eine Waffe ist jedes gefährliche Werkzeug, das nach der Art seiner Benutzung eine erheblichere Gefahr für Personen oder Sachen hervorzurufen geeignet ist.

(2.3.)   Öffentlich *oder* nur einem begrenzten Personenkreis zugänglich.

(2.4.)   In geschlossenen Räumen *und* unter freiem Himmel.

(3.)   Immanente Schranken der Versammlungsfreiheit in geschlossenen Räumen.
Insbesondere: Rechte Dritter.

(4.)   Schranken der Versammlungsfreiheit unter freiem Himmel (Art. 8 Abs. 2 GG).

---

14   Die Voraussetzung entspricht dem Schutz nur des geistigen Meinungskampfes in Art. 5 Abs. 1 GG: BGH NJW 1972, 1571 (1573).
15   BVerfG, a.a.O.

Echter Gesetzesvorbehalt:
- Einschränkung durch Gesetz (z. B. Bannmeilengesetze);
- Einschränkung aufgrund eines Gesetzes
  (z. B. §§ 14, 15 VersammlG).

d) Art. 9 Abs. 1 GG: Vereinigungsfreiheit

Regelungsauftrag an den Gesetzgeber. (*Keine* Institutsgarantie!)
Von diesem Auftrag hat er Gebrauch gemacht in:
Vereinsgesetz;
§§ 21 ff., 705 ff. BGB;
§§ 105 ff. HGB;
Aktiengesetz;
GmbH-Gesetz;
Genossenschaftsgesetz.

Spezielle Vereinigungsfreiheitsrechte:
Art. 21 GG;
Art. 140 GG i. V. m. Art. 137 II, VII WRV.

(1.)   Rechtsgutsträger: Deutsche natürliche und juristische Personen

(2.)   Schutzgut: Vereine und Gesellschaften = Vereinigungen

(2.1.)   Zusammenschluß von mindestens 2 Personen;

(2.2.)   für längere Zeit;

(2.3.)   zu einem gemeinsamen Zweck;

(2.4.)   Unterwerfung unter eine organisierte Willensbildung;

(2.5.)   privatrechtlicher Charakter.

(3.)   Schutzumfang
(3.1.)   Recht, Vereine zu gründen. ⎫ Positive
(3.2.)   Recht, Vereinen beizutreten   ⎬ Vereinigungs-
         und in ihnen zu verbleiben.   ⎭ freiheit

(3.3.)   Recht, Vereinigungen fernzubleiben. ⎫ Negative
(3.4.)   Recht, Vereinigungen nicht zu gründen. ⎬ Vereinigungs-
                                              ⎭ freiheit

Art. 9 Abs. 3 S. 1 GG: Koalitionsfreiheit

(1.)   Rechtsgutsträger: Deutsche natürliche und juristische Personen

(2.)   Schutzgut: Koalition

(2.1.)   Privatrechtlicher Zusammenschluß von Arbeitgebern oder Arbeitnehmern.

(2.2.)   Zweck: Wahrung und Förderung der Arbeits- und Wirtschaftsbedingungen.

(2.3.)   Überbetriebliche Organisation.

(2.4.)   Gegnerfreiheit.

(2.5.)   Unabhängigkeit (von der anderen Seite oder von Dritten).

(2.6.)   Streikbereitschaft.
          Soziale Situation der Organisierten entscheidend.
          Streikbereitschaft nicht erforderlich, wenn übliche Gegensätze zwischen Arbeitgeber und Arbeitnehmer nicht gegeben. Fälle: Ärzte, Beamte, Haushaltsgehilfinnen.

(3.)   Schutzumfang
          Kernbereich der Betätigung zur Wahrung und Förderung von Arbeits- und Wirtschaftsbedingungen:

(3.1.)   Recht, Tarifverträge abzuschließen.

(3.2.)   Streikrecht, Aussperrungsrecht[16].
          Besteht nicht für Beamte wegen des Schutzes der öffentlichen Sicherheit und Ordnung.

(4.)   Immanente Schranken aller Rechte aus Art. 9 Abs. 1 und 9 Abs. 3 GG

(4.1.)   Unerhebliche Beeinträchtigungen.

(4.2.)   Rechte Dritter. Folge: Regelungsbefugnis des Gesetzgebers (z. B. numerus clausus der Gesellschaftsformen).

(4.3.)   Bestand der verfassungsmäßigen Grundordnung der Bundesrepublik Deutschland.

(4.4.)   Erhaltung des Friedens der Völkergemeinschaft.

(4.5.)   Strafgesetze (Eine der Vereinigung, nicht ihren Mitgliedern zurechenbare Verletzung ist erforderlich!).

Art. 9 Abs. 2 GG

---

16   BVerfGE 38, 391 (393).

Aus Rechtssicherheitsgründen ist im Falle der Überschreitung der Grenzen des Art. 9 Abs. 2 GG eine behördliche Auflösungsverfügung erforderlich (§ 3 Abs. 1 S. 1 VereinsG).

e) Art. 12 Abs. 1 GG: Berufsfreiheit

(1.) Schutzbereich des Art. 12 Abs. 1 GG
Art. 12 Abs. 1 GG schützt Berufswahl und Berufsausübung.

(1.1.) Begriff des Berufes
Jede wirtschaftlich sinnvolle, erlaubte und auf Dauer berechnete, nicht nur vorübergehende, der Schaffung und Erhaltung einer Lebensgrundlage dienende Betätigung[17].
Unbeachtlich ist, ob es sich um eine selbständige oder unselbständige, um eine typische oder um eine einem herkömmlichen Berufsbild nicht entsprechende Tätigkeit handelt[18].
Nicht unter den Begriff des Berufes fallen: Schlechthin gemeinschaftsschädliche Betätigungen, wie etwa die des Berufsverbrechers. Begründung: Die Freiheit der beruflichen Betätigung konkretisiert die Freiheit zur Entfaltung der Persönlichkeit, auf die nach Art. 2 Abs. 1 GG nur ein Recht besteht, soweit nicht die Rechte anderer verletzt werden und nicht gegen die verfassungsmäßige Ordnung oder das Sittengesetz verstoßen wird.

(2.2.) Unterscheidung Berufswahl, Berufsausübung
Wahl und Ausübung des Berufes lassen sich nicht so trennen, daß jeder Begriff nur eine bestimmte zeitliche Phase des Berufslebens bezeichnet, die sich mit der anderen nicht überschneidet. Beide Begriffe erfassen den einheitlichen Komplex berufliche Betätigung von verschiedenen Blickpunkten her. Dennoch bestehen Unterschiede:
Berufswahl, wenn es um das „Ob" der beruflichen Betätigung geht.
Beginn der Berufswahl mit der entsprechenden Ausbildung bzw. der Berufsaufnahme.
Berufsausübung, wenn es um das „Wie" der beruflichen Tätigkeit geht.

(2.) Verfassungsmäßige Beschränkung des Schutzbereichs des Art. 12 Abs. 1 GG

---

17 BVerfGE 22, 286 (287); 50, 290 (362).
18 BVerfGE 7, 377 (397); 17, 232 (241).

Regelungsvorbehalt in Art. 12 Abs. 1 S. 2 GG:

Da es sich bei Art. 12 Abs. 1 GG um ein einheitliches Grundrecht der Berufsfreiheit handelt, erstreckt sich auch der Regelungsvorbehalt des Satzes 2 sowohl auf die Berufsausübung als auch auf die Berufswahl[19].

Der Umfang der Schranken richtet sich danach, ob eine Regelung der Berufswahl oder der Berufsausübung vorliegt.

Da die Schranken der Berufsfreiheit um der Berufsausübung willen gegeben sind, dürfen sie nur unter diesem Gesichtspunkt allenfalls auch in die Freiheit der Berufswahl eingreifen.

Zur Bestimmung des jeweils zulässigen Regelungsumfangs hat das Bundesverfassungsgericht drei Stufen entwickelt:

1. Stufe: Regelung der Berufsausübung.

2. Stufe: Regelung der Berufszulassung durch subjektive Zulassungsvoraussetzungen.

3. Stufe: Regelung der Berufszulassung durch objektive Zulassungsvoraussetzungen.

Für die Regelungsbefugnis ist rechtlicher Maßstab das Prinzip der Verhältnismäßigkeit im weiteren Sinne. Der Maßstab gilt für jede der drei Stufen unterschiedlich. Regelungen sind jeweils nur auf derjenigen Stufe gerechtfertigt, die die Berufsfreiheit des einzelnen am wenigsten beeinträchtigt.

(2.1.)   Zulässigkeit reiner Ausübungsregelungen (1. Stufe)

Zulässig, soweit vernünftige Erwägungen des Gemeinwohls sie zweckmäßig erscheinen lassen. Der Grundrechtsschutz beschränkt sich auf die Abwehr in sich verfassungswidriger, weil etwa übermäßig belastender und nicht zumutbarer Auflagen.

(2.2.)   Zulässigkeit subjektiver Zulassungsvoraussetzungen (2. Stufe)

Zulässig, wenn sie zur Abwehr von Gefahren für ein überragendes (besonders wichtiges) Gemeinschaftsgut notwendig (geeignet und erforderlich) sowie verhältnismäßig im engeren Sinne (angemessen, nicht unzumutbar, nicht übermäßig) sind.

(2.3.)   Zulässigkeit objektiver Zulassungsvoraussetzungen (3. Stufe)

Besonders strenge Anforderungen.

Zulässig zur Abwehr nachweisbarer oder höchstwahrscheinlich schwerer Gefahren für ein überragend wichtiges Gemeinschaftsgut.

---

19   BVerfGE 7, 401 (402).

(3.)   Anmerkungen zu Art. 12 Abs. 1 GG:
        – Eine Beschränkung der Berufsfreiheit ist nicht nur dann an Art. 12 Abs. 1 GG überprüfbar, wenn sie eine bestimmte berufsregelnde Tendenz hat, sondern auch dann, wenn sie wegen ihrer *tatsächlichen* Auswirkungen geeignet ist, die Berufsfreiheit zu beeinträchtigen[20].
        – Die Freiheit der Berufs*wahl* wird durch solche tatsächlichen Auswirkungen nur dann betroffen, wenn die sinnvolle Ausübung der Berufstätigkeit faktisch unmöglich gemacht wird[21].
        – Es gibt Regelungen der Berufsausübung, die wegen ihrer Auswirkungen einer Regelung der Berufswahl in ihrer Intensität gleichkommen.
          Sie können nicht mit jeder vernünftigen Erwägung des Gemeinwohls gerechtfertigt werden, sondern nur mit solchen Allgemeininteressen, die so schwer wiegen, daß sie den Vorrang vor der Berufsbehinderung verdienen[22].
          Bei der Beurteilung dieser Frage ist der Verhältnismäßigkeitsgrundsatz zu beachten.

f) Art. 14 Abs. 1 S. 1 GG: Eigentum

(1.)   Eigentum im Sinne des Art. 14 Abs. 1 S. 1 GG
        Das Eigentum ist in Art. 14 Abs. 1 S. 1 GG gewährleistet als Individualgarantie und Institutsgarantie.

(1.1.)   Institutsgarantieeigentum
        Gewährleistet ist der Kerngehalt des Privateigentums, d. h.
        – die Privatnützigkeit und grundsätzliche Verfügungsfähigkeit von Sachen[23];
        – der Schutz derjenigen Sachbereiche, die zur Verwirklichung des Grundrechts aus Art. 2 Abs. 1 GG im vermögensrechtlichen Bereich notwendig sind[24];
        – der Schutz vor unverhältnismäßigen Beschränkungen des Privateigentums (Beispiel für eine unverhältnismäßige Maßnahme: Erlaß

---

20 BVerfGE 13, 181 (185f.); E 31, 8 (29); E 49, 24 (74f.); NJW 1983, 439.
21 BVerfGE 36, 47 (58f.).
22 BVerfGE 16, 147 (167); BVerfG NJW 1983, 439 (440).
23 BVerfGE 24, 367 (390).
24 BVerfGE 24, 367ff.: Hamburger Deichurteil. Der Sachbereich „Deichanlagen" ist notwendig zur freien Entfaltung der Persönlichkeit im vermögensrechtlichen Bereich.

eines Gesetzes, aufgrund dessen jeder Verkauf von Grundstük-ken zum Zwecke der Unterbindung von Bodenspekulationen einer im Ermessen der Behörde stehenden Genehmigung bedarf.)

(1.2.)   Individualgarantieeigentum
Geschützt ist nicht nur das Eigentum im Sinne des Sachenrechts, sondern auch alle sonstigen dinglichen Rechte und alle vermögenswerten schuldrechtlichen Ansprüche. Umstritten ist, ob auch vermögenswerte öffentlich-rechtliche Ansprüche von Art. 14 Abs. 1 S. 1 GG geschützt werden.
Das Bundesverfassungsgericht bejaht die Anwendbarkeit von Art. 14 GG auf diejenigen öffentlich-rechtlichen Rechtspositionen, deren ersatzlose Einziehung nach dem rechtsstaatlichen Gehalt des Grundgesetzes als ausgeschlossen erscheint[25]. Dazu gehören:
- durch eigenverantwortliche Leistung erworbene vermögenswerte öffentliche Berechtigungen[26];
- durch besonderes Opfer an Leben, Gesundheit, Freiheit oder Eigentum erworbene, öffentlich-rechtliche Ausgleichsansprüche.

(2.)   Hoheitlicher Eingriff
Eingriff ist jeder staatliche Entzug und jede staatliche Beschränkung des Eigentumsrechts.

(3.)   Eingriff im Rahmen der Sozialbindung oder über die Sozialbindung hinaus.
Nach Art. 14 Abs. 2 GG begründet das Eigentum auch Pflichten. Gesetzgebung, Verwaltung und Rechtsprechung sind an diesen Verfassungsauftrag gebunden. Die Sozialbindung umfaßt das Gebot der Rücksichtnahme auf die Belange derjenigen, die auf die Nutzung des Eigentumsobjekts angewiesen sind. Nur im Rahmen dieser Sozialbindung ist es dem Staat gestattet, in das Grundrecht auf Eigentum *entschädigungslos* einzugreifen. Es bestehen aus diesem Grunde unterschiedliche Anforderungen an die Rechtmäßigkeit von Eingriffen in das Eigentum einerseits, soweit sie sich im Rahmen der Sozialbindung bewegen, andererseits, soweit sie über diese Sozialbindung hinausgehen und damit eine Enteignung darstellen.

---

25 BVerfGE 16, 94 (111 ff.).
26 Z. B. Amt des Notars; Kassenzahnarztpraxis; Gehalts- und Versorgungsansprüche der Beamten, Rentenanwartschaften aus den gesetzlichen Rentenversicherungen; vgl. BVerfGE 53, 257 (290 ff.); 64, 87 (97).

Ein über die Sozialbindung hinausgehender Eingriff liegt in folgenden Fällen vor:

(3.1.)   Entziehung des Vollrechts
Ausnahmen:
– Von der Sache geht eine Gefahr für die Allgemeinheit aus (sog. „immanente Schadensanlage"). Beispiel: Die Tötung eines tollwutverdächtigen Hundes liegt im Rahmen der Sozialbindung und stellt damit keine Enteignung dar[27].
– Es wird mit dem Entzug des Eigentums ein rechtlicher Vorteil des Eigentümers ausgeglichen.

(3.2.)   Beschränkung des Vollrechts
Zur Abgrenzung von Beschränkungen mit Enteignungscharakter von bloßen Eigentumsbindungen sind verschiedene Theorien entwickelt worden. Zwei dieser Theorien stehen gleichrangig nebeneinander.

(3.2.1.)   Zumutbarkeitstheorie des Bundesverwaltungsgerichts[28].
Das Vorliegen einer Enteignung hängt von den materiellen Kriterien der Schwere und Tragweite des Eingriffs ab.
Kritik: Ob ein Eingriff schwer und unerträglich ist, läßt sich nach objektiven Kriterien kaum bestimmen. Damit führt die Ansicht des Bundesverwaltungsgerichts zu einer weitgehenden Rechtsunsicherheit.

(3.2.2.)   Einzelaktstheorie des Bundesgerichtshofs[29].
Entscheidendes Kriterium für die Abgrenzung ist die Gleichheit bzw. Ungleichheit der Belastung des betroffenen Eigentümers gegenüber den anderen Trägern von Rechten derselben Gattung. Es kommt darauf an, ob der Eingriff „die betroffenen einzelnen oder Gruppen im Vergleich zu anderen ungleich, besonders trifft und sie zu einem besonderen, den übrigen nicht zugemuteten Opfer für die Allgemeinheit zwingt, und zwar zu einem Opfer, das gerade nicht den Inhalt und die Grenzen der betroffenen Rechtsgattung allgemein und einheitlich festlegt, sondern das aus dem Kreise der Rechtsträger einzelne oder Gruppen von ihnen unter Verletzung des Gleichheitssatzes besonders trifft". (Sogenannte Sonderopfertheorie)
Kritik: Abgrenzungsschwierigkeiten entstehen bei Eigentumsbe-

---

27   BVerfGE 20, 351 (356ff.).
28   BVerwGE 5, 143 (145f.); stdg. Rspr.
29   BGHZ 6, 270 (280); 60, 126 (130).

schränkungen, die eine bestimmte Gruppe von einzelnen betreffen. Hier hängt die Frage, ob eine Enteignung vorliegt, davon ab, welchen Personenkreis man zum Ausgangspunkt für den Vergleich zwischen verschiedenen Gruppen macht.

Es *empfiehlt* sich daher, zwar grundsätzlich von der Einzelakttheorie des BGH auszugehen, dabei aber unter Heranziehung des Grundsatzes der Verhältnismäßigkeit im weiteren Sinne zu berücksichtigen, ob unter Berücksichtigung des Eigentums als eines gemeinschaftsbezogenen und gemeinschaftsgebundenen Rechts der Eingriff als dem einzelnen Eigentümer noch zumutbar erscheint.

(3.2.3.)   Ein über die Sozialbindung hinausgehender Eingriff liegt danach vor, wenn

(3.2.3.1.) eine fühlbare Beeinträchtigung gegeben ist;

(3.2.3.2.) Sachverhalte gleicher Eigenart ungleich behandelt worden sind;

Beispiele:

– Der Eigentümer eines Grundstücks, auf dem eine Heilquelle entspringt, darf sein Grundstück nicht bebauen. Anknüpfungspunkt des Verbotes ist die Quelle. Unter Berücksichtigung der Situationsgebundenheit eines Grundstücks muß ihr Vorhandensein als *wertbestimmendes Merkmal des Grundstücks* aufgefaßt werden. Es liegt ein Eingriff im Rahmen der Sozialbindung vor.

– Der Eigentümer eines Grundstücks darf dieses nicht bebauen, weil eine geplante Autobahn über sein Grundstück gebaut werden soll. Anknüpfungspunkt des Verbotes ist eine planerische Entscheidung. Es handelt sich um ein *von außen* an das Grundstück herangetragenes Moment, das dessen objektiven Wert unberührt läßt. Der Eingriff geht über die Sozialbindung hinaus.

(Ausnahme: Den Sachverhalten ist eine bestimmte Pflichtigkeit gleichermaßen auferlegt, an die die Regelung anknüpft. Die Regelung wirkt sich aber naturgemäß zu verschiedenen Zeitpunkten oder verschieden stark aus[30].)

(3.2.3.3.) eine Konkretisierung der Sozialpflichtigkeit nicht vorliegt.
Die Sozialpflichtigkeit kann sich ergeben aus:

---

30   BVerfGE 23, 33 (34).

– der Situationsgebundenheit des Eigentums;
– einer immanenten Schadensanlage.

Wenn nach der Prüfung eine *Enteignung* festgestellt worden ist, so erfolgt folgende weitere Prüfung:

(4.)   Erfüllung der Rechtmäßigkeitsvoraussetzung des Art. 14 Abs. 3 GG:

(4.1.)   Durch Gesetz oder aufgrund eines Gesetzes (Art. 14 Abs. 3 S. 2 GG).

(4.2.)   Zum Wohle der Allgemeinheit (Art. 14 Abs. 3 S. 1 GG).

           Das Wohl der Allgemeinheit ist ein unbestimmter Rechtsbegriff, der von den Gerichten unbeschränkt überprüfbar ist.
           Die Enteignung erfolgt zum Wohle der Allgemeinheit, wenn sie einen konkreten Zweck verfolgt, mit dem unmittelbar überwiegend Vorteile für die Öffentlichkeit erstrebt (nicht notwendig erreicht) werden.

(4.3.)   Erforderlichkeit der Enteignung (ungeschriebenes Tatbestandsmerkmal).
           Die Enteignung muß das letzte Mittel bezüglich des Ob und des Wie der Enteignung sein. Das bedeutet:

(4.3.1.)   Erfordernis des vorangehenden angemessenen Vertragsangebots seitens des Staates.

(4.3.2.)   Räumliche Notwendigkeit der Enteignung (z. B.: Genügt anstatt einer Vollenteignung die Bestellung einer Grunddienstbarkeit?).

(4.4.)   Verhältnismäßigkeit im engeren Sinne (ungeschriebenes Tatbestandsmerkmal).
           Die Enteignung darf nicht außer Verhältnis zu dem angestrebten Enteignungszweck stehen.

(4.5.)   Junktimklausel (Art. 14 Abs. 3 S. 2 GG)
           Die Rechtmäßigkeit der Enteignung wird mit der Forderung verbunden, daß das Gesetz „Art und Ausmaß der Entschädigung regelt".
           Ein enteignendes Gesetz, das keine Entschädigungsregelung enthält oder die Entschädigung im Widerspruch zu Art. 14 Abs. 3 S. 3 GG festlegt, ist verfassungswidrig.

E. Technik der Fallösung im Verwaltungsrecht

Wie bereits oben unter B.V.[1] dargelegt, kreisen die Probleme verwaltungsrechtlicher Fälle um drei Themenbereiche:
– Einseitig begründete Verwaltungsrechtsverhältnisse.
– Zwei- oder mehrseitig begründete Verwaltungsrechtsverhältnisse.
– Privatrechtliche Rechtsverhältnisse zwischen öffentlicher Verwaltung und Bürger.

Die folgenden Ausführungen zur Fallösungstechnik orientieren sich an diesen typischen Problemstellungen.

Sie enthalten sowohl Hinweise zu Aufbau und Inhalt der materiell-rechtlichen Prüfung hoheitlichen Handelns als auch Erläuterungen zu den in der Verwaltungsgerichtsordnung (VwGO) geregelten Rechtsbehelfen.

Vorangestellt werden soll zunächst eine Übersicht über das Klagesystem der Verwaltungsgerichtsordnung und über die Möglichkeiten des Handelns der Exekutive.

Verwaltungsrechtliche Fälle erfordern zumeist die Prüfung der Zulässigkeit und der Begründetheit einer verwaltungsgerichtlichen Klage. Die Kenntnis der Klagemöglichkeiten der VwGO und ihrer Voraussetzungen ist daher für die Fallbearbeitung ebenso unerläßlich wie das Wissen um die Rechtmäßigkeitsvoraussetzungen exekutivischen Handelns.

---

1 S. 22.

I. Übersicht: Klagesystem der VwGO

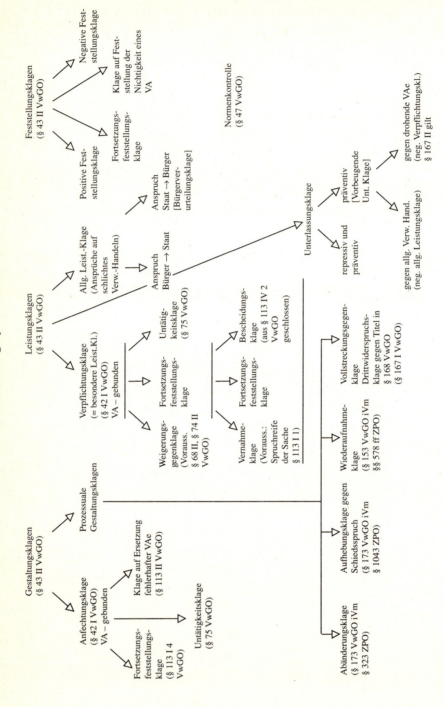

II. Übersicht: Verwaltungshandeln

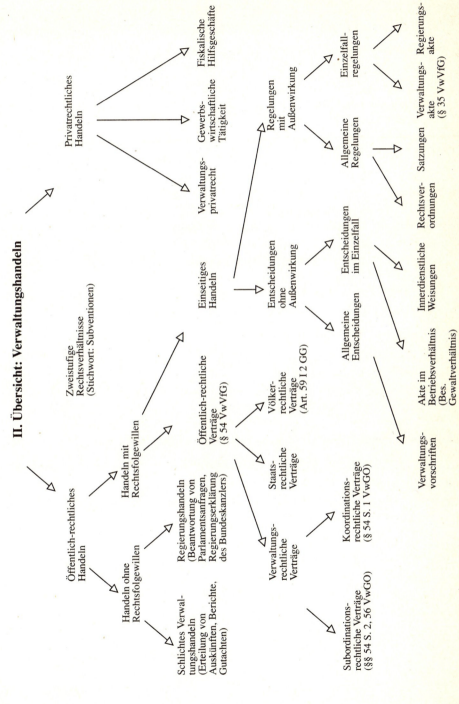

III. Einseitig begründete Verwaltungsrechtsverhältnisse

Einseitig können Verwaltungsrechtsverhältnisse zwischen Bürger und Staat insbesondere begründet werden durch Gesetz, Rechtsverordnung oder Satzung, durch Verwaltungsakt und durch öffentlich-rechtliche Geschäftsführung.

1. Gesetzlich begründete Verwaltungsrechtsverhältnisse

Folgende Fälle gesetzlich begründeter Verwaltungsrechtsverhältnisse sind für die öffentlich-rechtliche Aufgabenstellung von Bedeutung:
- Unmittelbar durch Gesetz entstehendes Rechtsverhältnis zwischen Bürger und Staat.
- Schadensersatzanspruch aus § 839 BGB, Art. 34 GG.
- Anspruch auf Entschädigung aus Enteignungsgrundsätzen.
- Öffentlich-rechtlicher Folgenbeseitigungsanspruch.
- Öffentlich-rechtlicher Unterlassungsanspruch.
- Öffentlich-rechtlicher Erstattungsanspruch.

a) Unmittelbar durch Gesetz entstehendes Rechtsverhältnis

Kommt eine Rechtsbeziehung zwischen Bürger und Staat unvermittelt durch einen Einzelakt direkt durch ein formelles Gesetz zustande, so steht dem betroffenen einzelnen bei Rechtsverletzungen durch die Regelungen des Gesetzes als Rechtsbehelf nur die Verfassungsbeschwerde zur Verfügung. Sie ist unter D.I.[1] ausführlich erläutert worden.

b) Anspruch aus § 839 BGB, Art. 34 GG: Amtshaftung

Der Schadensersatzanspruch aus § 839 BGB, Art. 34 GG (Amtshaftungsanspruch) bewirkt zwischen haftender Körperschaft und Geschädigtem ein die Schadensersatzpflicht begründendes Rechtsverhältnis. Der Anspruch wird auf dem Zivilrechtsweg durchgesetzt und hat die folgenden Voraussetzungen:

(1.)   Handeln in Ausübung eines öffentlichen Amtes (Art. 34 Abs. 1 GG).

(1.1.)   Handeln eines Amtswalters ...

(1.2.)   in Ausübung (nicht bei Gelegenheit) ...

---

1   S. 65 ff.

(1.3.)   hoheitlicher (= staatlicher) Aufgaben auf dem Gebiete des öffentlichen Rechts.
          Es muß ein äußerer und innerer enger Zusammenhang zwischen den hoheitlichen Aufgaben und der schädigenden Handlung des Amtswalters bestehen.

(2.)   Bestehen einer Amtspflicht
          – aus Gesetz (z. B. Verkehrssicherungspflicht!);
          – aus Rechtsverordnung, Satzung;
          – aus Verwaltungsvorschrift;
          – aus innerdienstlicher Anweisung;
          – Amtspflicht zu rechtmäßigem Verhalten;
          – Amtspflicht zu fehlerfreiem Ermessensgebrauch (insbesondere im Polizei- und Ordnungsrecht; Beispiel: Ermessensfehlerhaftes Nichteinschreiten zugunsten eines Privaten stellt einen Amtspflichtverstoß dar.);
          – Amtspflicht zur Schonung unbeteiligter Dritter;
          – Amtspflicht zu richtiger und vollständiger Auskunftserteilung;
          – Amtspflicht zu rascher Sachentscheidung;
          – Amtspflicht zu konsequentem und rücksichtsvollem Verhalten;
          – *Keine* Amtspflicht zur Beachtung der höchstrichterlichen Rechtsprechung.

(3.)   Drittbezogenheit der Amtspflicht.
          Die Amtspflicht muß (zumindest auch) gegenüber dem Betroffenen bestehen.

          Beispiele:

          – Pflicht, in die Rechte der Bürger nicht rechtswidrig einzugreifen.
          – Pflicht zu fehlerfreiem Ermessensgebrauch.
          – Pflicht zu richtiger und sorgfältiger Erteilung amtlicher Auskünfte.

(4.)   Verletzung der Amtspflicht.

(5.)   Verschulden.
          Abgestellt wird auf den pflichtbewußten Durchschnittsbeamten[2] in vergleichbarer Amtsstellung (objektivierter Verschuldensmaßstab). Unbedingte Haftung besteht nur bei vorsätzlichem Handeln.

---

2   BGH NJW 1986, 2829 (2831).

(6.)   Schaden und Kausalität zwischen Amtspflichtverletzung und Schaden.

(7.)   Passivlegitimation
         Grundsätzlich haftet die Anstellungskörperschaft für das öffentlich-rechtliche Handeln des Amtsträgers.
         Gesetzlich vorgeschriebene Ausnahmen sind zulässig.

(8.)   Haftungseinschränkungen

(8.1.)   § 839 Abs. 1 S. 2 BGB (Subsidiaritätsklausel)
         Eine Haftung tritt bei fahrlässigem Handeln nur ein, wenn der Geschädigte nicht anderweitig Ersatz zu erlangen vermag.
         Der BGH engt die Klausel zunehmend ein[3].

(8.2.)   § 839 Abs. 2 BGB (Spruchrichterprivileg).

(8.3.)   § 839 Abs. 3 BGB (Schuldhafte Rechtsmittelversäumnis).

(9.)   Rechtsfolge:
         Geldersatz, keine Naturalrestitution.

c) Anspruch auf Entschädigung nach Enteignungsgrundsätzen

Der BGH erkennt bei rechtmäßiger Enteignung *und* bei rechtswidrigem enteignungsgleichem Eingriff eine Entschädigung zu[4].

Dagegen ist das Bundesverfassungsgericht der Ansicht, wegen Art. 14 Abs. 3 S. 2 GG könne es allein auf der Grundlage eines Gesetzes einen Entschädigungsanspruch geben[5]. Der Anspruch aus enteignungsgleichem Eingriff gebe deshalb nur das Recht, die Aufhebung des Eingriffshandelns zu verlangen.

Der Entschädigungsanspruch nach Enteignungsgrundsätzen, der auf dem Zivilrechtsweg durchgesetzt wird, ist wie folgt zu prüfen.

(1.)   Beeinträchtigung des Eigentums i. S. d. Art. 14 Abs. 1 S. 1 GG[6].

(2.)   Hoheitlicher Eingriff.
         – Unmittelbarkeit ist erforderlich! Sie ist auch dann gegeben, wenn eine hoheitliche Maßnahme eine Gefährdung auferlegt und die

---

3   BGH NJW 1981, 681; 1038. BGH NJW 1983, 2191 f.
4   BGHZ 6, 270; 76, 375 (383 ff.).
5   BVerfGE 58, 300 (324): Naßauskiesung.
6   Zum Schutzbereich des Art. 14 Abs. 1 S. 1 GG siehe oben unter D. II. 3. f.) (1.), S. 96 f.

eingetretene Eigentumsverletzung eine Realisierung dieser Gefährdung bedeutet[7].

– Ein Unterlassen ist niemals ein Eingriff.
– Eine Maßnahme, die ausschließlich der Durchsetzung von Individualinteressen dient, ist kein Eingriff. (Beispiel: Pfändung durch den Gerichtsvollzieher)
– Die Beeinträchtigung des Eigentums muß nicht zielgerichtet sein[8].

(3.)   Eingriff, der über die Sozialbindung hinausgeht[9].

(4.)   Rechtsmäßigkeit des Eingriffs (Art. 14 Abs. 3 GG)[10]
oder auch – nach der Rechtsprechung des BGH –[11]
Rechtswidrigkeit des Eingriffs. Die Naßauskiesungsentscheidung des Bundesverfassungsgerichts[12] engt jedoch die Fälle, in denen rechtswidrige Eingriffe mit Enteignungswirkung entschädigt werden, stark ein. Sie sind beschränkt auf die Erhebung von Entschädigungsansprüchen nach Versäumung eines Rechtsmittels, wobei die Versäumung als Mitverschulden im Sinne des § 254 BGB gewertet wird[13], sowie auf Eingriffe, deren Folgen nicht in zumutbarer Weise durch Rechtsmittel verhindert werden können[14].

(5.)   Junktimgebot (Art. 14 Abs. 3 S. 2 GG)
Eine *rechtmäßige* Enteignung setzt weiter voraus, daß das Gesetz Art und Ausmaß der Entschädigung regelt.
Art: Naturalrestitution oder Geld oder beides.
Ausmaß: Bestimmung aufgrund einer Interessenabwägung[15]. Folgekosten werden in engen Grenzen ausgeglichen[16].
Nach der Rechtsprechung des BGH sind enteignende Eingriffe, die nicht auf rechtswidrige Handlungen zurückzuführen sind, trotz fehlender Entschädigungsnorm rechtmäßig[17]. Entschädigung wird in

---

7   BGHZ 28, 310 (313).
8   Erstmals: BGH NJW 1964, 104.
9   Siehe dazu oben unter D.II.3.f.) (3.), S. 96 ff.
10 Siehe dazu oben unter D.II.3.f.) (4.), S. 100.
11 FN 4.
12 FN 5.
13 BGHZ 90, 17 (31 ff.); 92, 34 (50 f.).
14 Siehe dazu näher Rüfner, in: Erichsen/Martens, Allg. VerwR, S. 552 ff.
15 Vergl.: BVerfGE 24, 367 (421); BGHZ 41, 354 (358).
16 Dazu näher: Schmidt-Aßmann, Eberhard, Die enteignungsrechtliche Folgenentschädigung, NJW 1974, 1265 ff.
17 BGHZ 91, 20 (28); 99, 24 (29).

diesen Fällen vom BGH nach Aufopferungsgrundsätzen zugesprochen.

Nach der Naßauskiesungsentscheidung des Bundesverfassungsgerichts[18] ist auch die Entschädigungsmöglichkeit wegen enteignenden Eingriffs eingeschränkt. Die Fälle unvorhersehbarer, über das zu duldende Maß hinausgehender Folgen hoheitlichen Handelns bleiben jedoch weiterhin Gegenstand des Entschädigungsanspruchs aus enteignendem Eingriff.

(6.)   Entschädigungspflichtig ist der unmittelbar Begünstigte.

d) Öffentlich-rechtlicher Folgenbeseitigungsanspruch

Der öffentlich-rechtliche Folgenbeseitigungsanspruch ist gerichtet auf die Beseitigung der Folgen rechtswidrigen Verwaltungshandelns.

Eine spezielle gesetzliche Grundlage gibt es für den Anspruch nicht. In § 113 Abs. 1 S. 2 VwGO, der allerdings nur Verwaltungsakte betrifft, ist der Anspruch vorausgesetzt.

Im übrigen folgt aus dem Rechtsstaatsprinzip (Art. 20 Abs. 3 GG) der umfassende Schutz des Bürgers in seinen subjektiv-öffentlichen Rechten gegenüber dem Staat. Ihm entspricht die Zuerkennung eines Anspruchs auf Wiedergutmachung durch staatliches Handeln verursachter Schäden.

Der Folgenbeseitigungsanspruch wird auf dem Verwaltungsrechtsweg[19] geltend gemacht.

Seine Voraussetzungen sind:

(1.)   Hoheitliches Handeln der Verwaltung (Verwaltungsakt oder schlichtes Verwaltungshandeln).

(2.)   Rechtsbeeinträchtigung durch dieses Handeln, die noch fortdauert.

(3.)   Rechtswidrigkeit der Folgen des hoheitlichen Verwaltungshandelns, also der andauernden Rechtsbeeinträchtigung.
         Sie ist ausgeschlossen, wenn eine Duldungspflicht besteht.
         Ist die Rechtsbeeinträchtigung Folge eines Verwaltungsakts, so bedarf es zunächst seiner Aufhebung! Ein unanfechtbar gewordener Verwaltungsakt bildet die Rechtsgrundlage für das Handeln der Verwaltung.

---

18   FN 5.
19   Siehe dazu unten unter E. VI., S. 125 ff.

(4.)   Rechtliche Möglichkeit der Wiederherstellung des früheren Zustandes.
Tatsächliche Möglichkeit und Zumutbarkeit der Wiederherstellung.

(5.)   Eventuelle Mitverantwortung des Betroffenen.
§ 254 BGB ist anwendbar auf öffentlich-rechtliche Ersatzleistungsansprüche.

(7.)   Rechtsfolge:
Naturalrestitution[20] in Form der Herstellung des früheren Zustandes. Entgangener Gewinn wird nicht gewährt.

e) Öffentlich-rechtlicher Unterlassungsanspruch

Der öffentlich-rechtliche Unterlassungsanspruch findet seine Grundlage in Art. 20 Abs. 3 GG. Schützt die Rechtsordnung subjektiv-öffentliche Rechte des einzelnen, so muß sie auch Ansprüche zu deren Verteidigung und deren vorbeugendem Schutz zur Verfügung stellen.

Der Anspruch wird mit der Unterlassungsklage auf dem Verwaltungsrechtsweg geltend gemacht[21].
Es bestehen die folgenden Anspruchsvoraussetzungen:

(1.)   Hoheitliches Handeln. (Verwaltungsakt oder schlichtes Verwaltungshandeln) gegeben und weiter zu besorgen.

(2.)   Beeinträchtigung des Betroffenen in einem subjektiv-öffentlichen Recht gegeben und zu besorgen.

(3.)   Rechtswidrigkeit der gegebenen und zu besorgenden Rechtsbeeinträchtigung.
Sie ist ausgeschlossen, wenn der Betroffene zur Duldung verpflichtet ist.

(4.)   Rechtsfolge:
Anspruch auf das Unterlassen weiterer Beeinträchtigungen.

Auch ein vorbeugender Unterlassungsanspruch gegen zukünftig zu besorgendes hoheitliches Handeln ist anerkannt[22].

---

20 BVerwGE 69, 366 (371).
21 Siehe dazu unten unter E. VI. 2. b), S. 137 ff. und c), S. 140 f.
22 Zur vorbeugenden Unterlassungsklage siehe unten unter E. VI. 2. b) (1.2.2.), S. 138.

f) Öffentlich-rechtlicher Erstattungsanspruch

Der allgemeine öffentlich-rechtliche Erstattungsanspruch ist gerichtet auf die Rückgewähr rechtsgrundlos gewährter Leistungen im Rahmen einer öffentlich-rechtlichen Rechtsbeziehung. Als Fallkonstellationen sind möglich: Anspruch des Bürgers gegen einen Träger öffentlicher Verwaltung, Anspruch eines Trägers öffentlicher Verwaltung gegen den Bürger und Anspruch eines Trägers öffentlicher Verwaltung gegen einen anderen.

Das Rechtsinstitut des öffentlich-rechtlichen Erstattungsanspruchs beruht auf dem allgemeinen Rechtsgedanken, daß ein rechtsgrundlos entstandener Vermögenszuwachs zurückgegeben werden muß[23]. Dieser Gedanke entspringt dem Rechtsstaatsgrundsatz des Art. 20 Abs. 3 GG.

Sonderregelungen finden sich in § 5 Abs. 1 Erstattungsgesetz[24]; § 87 Abs. 2 BBG; § 53 Abs. 2 BRRG; § 44 a Abs. 2 S. 1 BHO[25]; § 48 Abs. 2 S. 5 ff. VwVfG.

Die Voraussetzungen des allgemeinen öffentlich-rechtlichen Erstattungsanspruchs sind die folgenden:

(1.)   Vorliegen öffentlich-rechtlicher Berechnungen.

(2.)   Vermögenswerte Leistung.

(3.)   Ohne Rechtsgrund.
         Ein Verwaltungsakt ist so lange Rechtsgrund, wie er nicht unwirksam beziehungsweise aufgehoben worden ist.

(4.)   Rechtsfolge:
         Rückgewähr der rechtsgrundlos bewirkten Leistung.

(5.)   Analoge Anwendung des § 818 Abs. 3 BGB
         Sinn des § 818 Abs. 3 BGB (Bereicherungswegfall) ist es, den Bürger im Vertrauen auf die Rechtmäßigkeit des einer Leistung zugrundeliegenden Rechtsverhältnisses zu schützen.

         Seine analoge Anwendung kommt also nur bei Erstattungsansprüchen des Staates gegenüber dem Bürger in Betracht.

         Hier ist nach verbreiteter Ansicht darauf abzustellen, ob die Interessenlage des Erstattungsfalles der privatrechtlichen entspricht[26].

---

23 BVerwGE 36, 108 (110); E 71, 85 (88).
24 in der Fassung der Bekanntmachung vom 24. Januar 1951, BGBl. III 2030-10.
25 Fall 25, Ziff. II.1.
26 Siehe Erichsen, in: Erichsen/Martens, Allg. VerwR, S. 352.

Das Bundesverwaltungsgericht hat in jüngerer Zeit nur noch auf den verwaltungsrechtlichen Grundsatz des Vertrauensschutzes abgestellt und einen Rückgriff auf §§ 818 Abs. 3, 819 BGB abgelehnt[27].

2. Durch Rechtsverordnung oder Satzung begründete Verwaltungsrechtsverhältnisse.

Rechtsverhältnisse, die durch Rechtsverordnung oder Satzung entstehen, werden zum Gegenstand *verfassungs*rechtlicher Fälle, wenn es um die Prüfung ihrer Verfassungsmäßigkeit geht. Insbesondere Art. 80 GG ist in diesem Zusammenhang zu nennen[28]. Auch die Grundrechte können durch verordnungs- oder satzungsrechtliche Regelungen berührt sein[29].

*Verwaltungs*rechtlich ist die Überprüfung der Gültigkeit von Rechtsverordnungen und Satzungen im Rahmen des **Normenkontrollverfahrens nach § 47 VwGO** zu nennen.

Folgende materiell-rechtliche Voraussetzungen müssen geprüft werden:

(1.)   **Gegenstand der Gültigkeitsprüfung**

(1.1.)   Satzungen, die nach den Vorschriften des Baugesetzbuches (BauGB)[30] erlassen worden sind, sowie Rechtsverordnungen aufgrund des § 246 Abs. 2 BauGB (§ 47 Abs. 1 Nr. 1 VwGO).

(1.2.)   Andere im Rang unter dem Landesgesetz stehende Rechtsvorschriften, die schon erlassen und noch in Kraft sind, sofern das Landesrecht es bestimmt (§ 47 Abs. 1 Nr. 2 VwGO).

(2.)   **Rechtmäßigkeit und damit Gültigkeit der Rechtsvorschrift.**

(2.1.)   Formelle Rechtmäßigkeitsvoraussetzungen

(2.1.1.)   Zuständigkeit des erlassenden Hoheitsträgers; sachlich und örtlich.

(2.1.2.)   Vorliegen einer Ermächtigungsgrundlage; Erfüllung ihrer Voraussetzungen.

---

27   BVerwGE 71, 85 (88 ff.).
28   Fall 3, Ziff. II.1. Zu Art. 80 GG siehe oben unter C.III.3. b) (2.), S. 63 ff.
29   Fall 3, Ziff. II.2. Zur Prüfung von Grundrechtseingriffen siehe oben unter D.II.2., S. 82 ff.
30   in der Fassung der Bekanntmachung vom 8. Dezember 1986, BGBl. I S. 2253.

(2.1.3.)   Ordnungsmäßigkeit des gesetzlich geregelten Rechtssetzungsverfahrens[31].

(2.1.4.)   Ordnungsmäßigkeit der gesetzlich geregelten Veröffentlichung[32].

Eine Rechtsvorschrift nach § 47 Abs. 1 Nr. 1 VwGO kann nicht wegen eines Verfahrens- oder Formmangels für ungültig erklärt werden, wenn die gemäß § 215 Abs. 1 BauGB vorgeschriebene Beanstandung fehlt. Ausnahme: Verfahrens- und Formfehler im Sinne des § 214 Abs. 1 S. 1 Nr. 3 BauGB.

(2.2.)   Materielle Rechtmäßigkeit:
Vereinbarkeit der Rechtsvorschrift mit Landes- und Bundesrecht.
Prüfungsmaßstab sind sowohl formelle Landes- und Bundesgesetze als auch Landesverfassungsrecht und das Grundgesetz.

(2.2.1.)   Prinzipiell sind das Normenkontrollverfahren nach § 47 VwGO sowie die Normenkontrolle gemäß Art. 93 Abs. 1 Nr. 2 GG vor dem Bundesverfassungsgericht nebeneinander zulässig.

Die Verfassungsbeschwerde gemäß Art. 93 Abs. 1 Nr. 4a GG setzt dagegen mit ihrer Zulässigkeitsvoraussetzung der Rechtswegerschöpfung nach § 90 Abs. 2 BVerfGG[33] die Erhebung der Normenkontrollklage vor dem OVG nach § 47 VwGO voraus[34].

(2.2.2.)   § 47 Abs. 3 VwGO bestimmt den unbedingten Vorrang der landesverfassungsgerichtlichen Normenkontrolle gegenüber dem Normenkontrollverfahren nach § 47 VwGO.

In diesen Fällen darf das OVG die entsprechende Rechtsvorschrift nur auf ihre Vereinbarkeit mit Bundesrecht hin überprüfen. Voraussetzung für die ausschließliche Prüfungszuständigkeit des Landesverfassungsgerichts ist eine eindeutige Zuweisung durch Gesetz[35].

Eine rechtswidrige untergesetzliche Norm ist ungültig und wird vom OVG für nichtig erklärt (§ 47 Abs. 6 S. 2 1. HS VwGO).

---

31 Für Rechtsverordnungen siehe: Ossenbühl, in: Erichsen/Martens, Allg. VerwR, S. 87 f. Für Satzungen: ders., a.a.O., S. 109.
32 Für Rechtsverordnungen siehe: Ossenbühl, a.a.O., S. 89. Für Satzungen: ders., a.a.O., S. 109.
33 Siehe oben unter D.I.6., S. 71.
34 Siehe BVerfGE 70, 35 (53 ff.).
35 Beispiele: Art. 98 S. 4 Bayerische Verfassung (BayVerfGH, BayVBl. 1984, S. 235 f.); Art. 132 Hessische Verfassung.

3. Durch Verwaltungsakt begründete Rechtsverhältnisse

Der in § 35 VwVfG definierte Verwaltungsakt ist Gegenstand der größten Zahl verwaltungsrechtlicher Aufgabenstellungen.

a) In den meisten Fällen wird seine Aufhebung wegen Rechtswidrigkeit oder sein Erlaß wegen seiner rechtswidrigen Ablehnung oder Unterlassung verlangt.

Die Klageverfahren, in denen diese Begehren erhoben werden können, – Anfechtungsklage und Verpflichtungsklage (§ 42 Abs. 1 VwGO) – werden im folgenden[36] noch näher erläutert.

b) Im Rahmen der durch Verwaltungsakt entstandenen Rechtsbeziehungen können verschiedene öffentlich-rechtliche Ansprüche geltend gemacht werden.

Dazu zählen:
- Ausgleichsanspruch nach § 48 Abs. 3 VwVfG.
- Entschädigungsanspruch nach § 49 Abs. 5 VwVfG.
- Entschädigungsanspruch nach Enteignungsgrundsätzen.
- Erstattungsanspruch nach § 48 Abs. 2 S. 5 ff. VwVfG.
- Folgenbeseitigungsanspruch (s. § 113 Abs. 1 S. 2 VwGO).

aa) Ausgleichsanspruch nach § 48 Abs. 3 VwVfG

Der Anspruch gemäß § 48 Abs. 3 VwVfG ist ein Entschädigungsanspruch. Er ermöglicht den Behörden, Verwaltungsakte auch in den Fällen zurückzunehmen, in denen der Vertrauensschutzgedanke ohne Ausgleich in Geld einer Rücknahme entgegenstehen würde.
Folgende Voraussetzungen sind zu prüfen:

(1.)   Rücknahme eines rechtswidrigen begünstigenden Verwaltungsakts, der nicht Geld- oder Sachleistungen nach § 48 Abs. 2 VwVfG betrifft.

(2.)   Zulässigkeit der Rücknahme[37] gemäß § 48 Abs. 1 VwVfG.

(3.)   Schutzwürdiges Vertrauen des Betroffenen auf den Bestand des Verwaltungsaktes (§ 48 Abs. 3 S. 1 VwVfG).

       Die Schutzwürdigkeit ist abhängig von dem entgegenstehenden öffentlichen Interesse zu beurteilen.
Entsprechend dem Maß der Schutzwürdigkeit kann sich der Ausgleichsanspruch vermindern oder ganz entfallen.

---

36   Siehe unter E.VI.1.a), S. 125 ff., und E.VI.2.a), S. 134 ff.
37   Siehe zur Rücknahme unten unter E.III.3.c) bb), S. 118 f.

§ 254 BGB gilt als Ausdruck eines allgemeinen Rechtsgedankens.
§ 48 Abs. 2 S. 3 VwVfG ist anwendbar.

(4.)   Geltendmachung des Anspruchs durch Antrag.
Ausschlußfrist: 1 Jahr, beginnend mit dem ersten Tag nach Zugang des Hinweises auf die Frist durch die Behörde (§ 48 Abs. 3 S. 5 VwVfG, §§ 31, 187 Abs. 1 BGB).

(5.)   Rechtsfolge:
Ausgleich der Vermögensnachteile des Betroffenen, die dieser wegen seines Vertrauens auf den Bestand des Verwaltungsakts erleidet (§ 48 Abs. 3 S. 1 VwVfG).

> Beispiele:
> Aufwendungen in Vertrauen auf eine Erlaubnis.
> Im Vertrauen auf den Bestand des Verwaltungsakts nicht genutzte, anderweitige, konkrete Gewinnmöglichkeit.

Kein Ersatz des entgangenen Gewinns.
Die obere Grenze des Ausgleichsanspruchs bildet das positive Interesse des Betroffenen am Bestand des Verwaltungsakts (§ 48 Abs. 3 S. 3 VwVfG).

Der Anspruch wird gemäß § 48 Abs. 3 S. 4 VwVfG durch Verwaltungsakt festgesetzt.
Die Festsetzung kann im Wege der Verpflichtungsklage (§ 42 Abs. 1 VwGO) begehrt werden. Gegen die Festsetzung ist die Anfechtungsklage (§ 42 Abs. 1 VwGO) gegeben.[38]

bb) Entschädigungsanspruch nach § 49 Abs. 5 VwVfG

Der Anspruch aus § 49 Abs. 5 VwVfG entspricht dem Ausgleichsanspruch nach § 48 Abs. 3 VwVfG.

Auch es soll der Verwaltung die Möglichkeit geben, flexibler als ohne die Entschädigungsregelung über einen Widerruf zu entscheiden.

Seine Voraussetzungen sind:

(1.)   Widerruf eines rechtmäßigen begünstigenden Verwaltungsakts nach § 48 Abs. 2 Nr. 3 bis 5 VwVfG (§ 49 Abs. 5 S. 1 VwVfG).

---

38 Siehe zu beiden Klagearten unten unter E. VI. 2. a), S. 134 ff. und E. VI. 1. a), S. 125 ff.

(2.)   Zulässigkeit des Widerrufs[39].

(3.)   Schutzwürdiges Vertrauen auf den Bestand des Verwaltungsakts (§ 49 Abs. 5 S. 1 VwVfG).

Schutzwürdig ist das Vertrauen des Betroffenen dann nicht, wenn er den Grund des Widerrufs zu vertreten hat (insbesondere im Fall des § 49 Abs. 2 Nr. 3 VwVfG) und wenn er Aufwendungen in Kenntnis des Widerrufsgrundes und der Widerrufserwägungen der Behörde gemacht hat.

§ 254 BGB ist anwendbar und wirkt sich auf den Umfang des Entschädigungsanspruchs aus.

(4.)   Geltendmachung des Anspruchs durch Antrag innerhalb einer Ausschlußfrist von einem Jahr, die einen Tag nach Zugang des behördlichen Hinweises auf die Frist beginnt (§ 49 Abs. 5 S. 2 i. V. m. § 48 Abs. 3 S. 5 VwVfG, §§ 31, 187 Abs. 1 BGB).

Rechtsfolge:

Entschädigung von Vermögensnachteilen, die der Betroffene aufgrund seines Vertrauens auf den Bestand des Verwaltungsakts erlitten hat (§ 49 Abs. 5 S. 1 VwVfG).

Die Obergrenze der Entschädigung bildet das positive Interesse des Betroffenen (§ 49 Abs. 5 S. 2 i. V. m. § 48 Abs. 3 S. 3 VwVfG).

Der Entschädigungsanspruch wird durch Verwaltungsakt festgesetzt (§ 49 Abs. 5 S. 2 i. V. m. § 48 Abs. 3 S. 4 VwVfG).

Für Streitigkeiten über die Entschädigung sind die Zivilgerichte zuständig (§ 49 Abs. 5 S. 3 VwVfG)!

cc) Entschädigungsanspruch nach Enteignungsgrundsätzen

Entschädigungsansprüche aus enteignungsgleichem und aus enteignendem Eingriff sind durch den Anspruch aus § 48 Abs. 3 VwVfG nicht ausgeschlossen; sie gehen ihm sogar vor (§ 48 Abs. 6 VwVfG).

Durch § 49 Abs. 5 VwVfG werden sie nicht berührt. Sie können in Anspruchskonkurrenz zu diesem Entschädigungsanspruch geltend gemacht werden.

Ein Entschädigungsanspruch aus enteignungsgleichem Eingriff ist im übrigen etwa auch zu prüfen im Falle einer Eigentumsbeeinträchtigung durch rechtswidrigen Widerruf.

---

39   Siehe zum Widerruf unten unter E. III. 3. c) aa), S. 117 f.

Die Voraussetzungen für Ansprüche auf Entschädigung nach Enteignungsgrundsätzen sind bereits oben unter E.III.1.c)[40] eingehend erörtert worden.

dd) Erstattungsanspruch nach § 48 Abs. 2 S. 5–8 VwVfG

§ 48 Abs. 2 S. 5–8 VwVfG ist ein Sonderfall des allgemeinen öffentlich-rechtlichen Erstattungsanspruchs[41].
Er setzt voraus:
(1.) Rücknahme eines rechtswidrigen Verwaltungsakts nach § 48 Abs. 2
VwVfG mit Wirkung für die Vergangenheit.
(2.) Aufgrund des Verwaltungsakts bereits gewährte Leistungen.
(3.) Rechtsfolge:
Festsetzung des Erstattungsanspruchs durch Verwaltungsakt.
Sie soll mit dem Rücknahmebescheid verbunden werden (§ 48 Abs. 2 S. 8
VwVfG).
(4.) Umfang der Erstattung
§ 48 Abs. 2 S. 6, 7 VwVfG erklärt §§ 812 ff. BGB für entsprechend anwendbar.
Grundsätzlich ist die noch vorhandene Bereicherung zu erstatten.
Nicht auf Entreicherung berufen kann sich, wer in den Fällen des § 48 Abs. 2
S. 3 VwVfG die die Rechtswidrigkeit des zurückgenommenen Verwaltungsakts
begründenden Umstände kannte oder grob fahrlässig nicht kannte.
Streitigkeiten über die Erstattungspflicht sind den Verwaltungsgerichten zuge-
wiesen (§ 48 Abs. 6 VwVfG).

ee) Folgenbeseitigungsanspruch (s. § 113 Abs. 1 S. 2 VwGO)

Der Anspruch auf Rückgängigmachung der Vollzugsfolgen eines angefochtenen
Verwaltungsakts ist in § 113 Abs. 1 S. 2 VwGO vorausgesetzt.
Seine Prüfungsvoraussetzungen sind bereits oben unter E.III.1. d)[42] erläutert
worden.
Der Anspruch wird auf dem Verwaltungsrechtsweg mit dem besonderen Antrag
aus § 113 Abs. 1 S. 2 VwGO geltend gemacht[43].

---

40 S. 106 ff.
41 Siehe dazu oben unter E.III.1. f), S. 110 f.
42 S. 108 f.
43 Siehe dazu unten unter E.VI. 1. c), S. 133 f.

c) Häufig sind Gegenstand verwaltungsrechtlicher Fälle der Widerruf und die Rücknahme begünstigender Verwaltungsakt.

Sie wirken sich belastend auf den Bürger aus und sind als Verwaltungsakte daher vielfach Gegenstand der Anfechtungsklage nach § 42 Abs. 1 VwGO.

Der Eingriff in subjektiv-öffentliche Rechte des einzelnen durch einen belastenden Verwaltungsakt bedarf der Rechtsgrundlage. Sie findet sich in spezialgesetzlichen Regelungen wie etwa § 15 Gaststättengesetz oder § 25 Personenbeförderungsgesetz (Rücknahme) und in den allgemeinen Aufhebungsregelungen der §§ 48, 49 VwVfG sowie den entsprechenden Vorschriften der Landesverwaltungsverfahrensgesetze.
Letztere sind Gegenstand der folgenden Ausführungen.

§§ 48, 49 VwVfG unterscheiden sich zunächst durch den Gegenstand der Aufhebung. § 48 VwVfG betrifft die Aufhebung rechtswidriger Verwaltungsakte (Rücknahme). § 49 VwVfG regelt die Aufhebung rechtmäßiger Verwaltungsakte (Widerruf).

aa) Widerruf eines rechtmäßigen begünstigenden Verwaltungsakts (§ 49 Abs. 2 VwVfG)

Seine Voraussetzungen sind:

(1.)   Rechtmäßiger begünstigender Verwaltungsakt (§ 49 Abs. 1 VwVfG)
         Begünstigend ist ein Verwaltungsakt, wenn er „ein Recht oder einen rechtlich erheblichen Vorteil begründet oder bestätigt" (§ 48 Abs. 1 S. 2 VwVfG)[44].

(2.)   Widerruf durch Verwaltungsakt

(3.)   Widerrufsgrund gemäß § 49 Abs. 2 Nr. 1–5 VwVfG.
         Die Gründe sind abschließend aufgezählt[45].

(4.)   Fehlerfreie Ermessensentscheidung der Behörde.
         Sie ist Gegenstand eines formellen subjektiven Rechts des Betroffenen.

(5.)   Frist:
         Innerhalb eines Jahres, nachdem die Behörde von dem Widerrufsgrund Kenntnis erlangt hat (§ 49 Abs. 2 i. V. m. § 48 Abs. 4 VwVfG).

---

44 Dazu näher: Kopp, VwVfG, § 48 Rdnr. 41 ff.
45 Siehe im einzelnen zu den Gründen: Kopp, a. a. O., § 49 Rdnr. 24 ff.

(6.) Örtliche Zuständigkeit:
Behörde, die den Verwaltungsakt erlassen hat (§ 49 Abs. 4 VwVfG).
Sachliche Zuständigkeit:
Grundsätzlich die Behörde, die den Verwaltungsakt erlassen hat. Ist der Widerspruchsbescheid noch nicht unanfechtbar geworden oder ist sogar noch ein Widerspruchsverfahren anhängig, so ist auch die Widerspruchsbehörde sachlich zuständig.

(7.) Verfahren
Es gelten die allgemeinen Vorschriften über das Verfahren zum Erlaß von Verwaltungsakten.

(8.) Rechtsfolge:
Unwirksamwerden des widerrufenen Verwaltungsakts mit Wirksamwerden des Widerrufs oder, wenn im Widerrufsbescheid oder einem weiteren Verwaltungsakt bestimmt, zu einem späteren Zeitpunkt (§ 49 Abs. 3 VwVfG).
Zuwendungsbescheide können nach § 44 a Abs. 1 BHO auch mit Wirkung für die Vergangenheit widerrufen werden, wenn die Zuwendung nicht zweckentsprechend verwendet worden ist[46].

bb) Rücknahme eines rechtswidrigen begünstigenden Verwaltungsakts (§ 48 VwVfG)

§ 48 VwVfG unterscheidet zwischen Verwaltungsakten, die Geldleistungen oder teilbare Sachleistungen gewähren oder dafür Voraussetzung sind, und anderen Verwaltungsakten. Bei letzteren wird in den meisten Fällen kein Bestandsschutz zuerkannt (§ 48 Abs. 1 S. 1 Abs. 3 VwVfG).
In den zuerst erwähnten Fällen regelt § 48 Abs. 2 VwVfG im einzelnen, wann eine Rücknahme durch den Grundsatz des Vertrauensschutzes ausgeschlossen ist.
Die folgenden Voraussetzungen sind bei der Lösung eines Falles zu prüfen:

(1.) Rechtswidriger begünstigender (§ 48 Abs. 1 S. 2 VwVfG) Verwaltungsakt.

(2.) Rücknahme durch Verwaltungsakt mit Wirkung für die Zukunft oder für die Vergangenheit (§ 48 Abs. 1 S. 1 VwVfG)

---

46 Fall 25, Ziff. II.1.2.

(3.)   Fehlerfreie Ermessensentscheidung der Behörde.
            Abwägung des öffentlichen Interesses an der Rücknahme gegen den
            Gedanken des Vertrauensschutzes.

(3.1.)   Verwaltungsakte gemäß § 48 Abs. 2 VwVfG.
            Hier bedeutet Vertrauensschutz Bestandsschutz.

(3.1.1.)   Vertrauen des Begünstigten auf den Bestand des Verwaltungsakts
            (§ 48 Abs. 2 S. 1 VwVfG).

(3.1.2.)   Schutzwürdigkeit des Vertrauens nach Abwägung mit dem öffentli-
            chen Interesse an der Rücknahme (§ 48 Abs. 2 S. 1 VwVfG)
            – aufgrund Leistungsverbrauchs, Vermögensdisposition (§ 48 Abs. 2
              S. 2 VwVfG);
            – *nicht*, wenn die Voraussetzungen des § 48 Abs. 2 S. 3 Nr. 1–3
              VwVfG vorliegen;
            – aufgrund Einzelwertung.

(3.2.)   Verwaltungsakte gemäß § 48 Abs. 3 VwVfG.
            Ausnahmsweise kann auch hier Bestandsschutz durch Vertrauens-
            schutz gewährt werden.
            Voraussetzung ist ein schutzwürdiges immaterielles Interesse, das
            durch den Geldersatz des § 48 Abs. 3 VwVfG nicht ausgeglichen wer-
            den kann.
            Das Interesse muß schutzwürdiger sein als das öffentliche Interesse
            an der Rücknahme.

(4.)   Frist (§ 48 Abs. 4 VwVfG):
            Innerhalb eines Jahres, nachdem die Behörde von dem Widerrufs-
            grund Kenntnis erlangt hat. Ausnahme: Der Verwaltungsakt ist
            durch Täuschung, Drohung oder Bestechung erwirkt worden (§ 48
            Abs. 2 S. 3 Nr. 1 VwVfG).

(5.)   Örtliche Zuständigkeit:
            Behörde, die den Verwaltungsakt erlassen hat (§ 48 Abs. 5 VwVfG).
            Sachliche Zuständigkeit:
            Grundsätzlich die Behörde, die den Verwaltungsakt erlassen hat. Ist
            ein Widerspruchsverfahren anhängig oder ist der Widerspruchsbe-
            scheid noch nicht unanfechtbar geworden, ist auch die Widerspruchs-
            behörde sachlich zuständig.

(6.)   Verfahren
            Die allgemeinen Verfahrensvorschriften finden Anwendung.

(7.)   Rechtsfolge:
         Rücknahme des Verwaltungsakts ganz oder teilweise, für die Zukunft
         oder auch für die Vergangenheit.
         Die Entscheidung über den Umfang der Rücknahme liegt im pflicht-
         gemäßen Ermessen der Behörde.

4. Durch öffentlich-rechtliche Geschäftsführung ohne Auftrag begründete Verwaltungsrechtsverhältnisse

Die Geschäftsführung ohne Auftrag ist auch im öffentlichen Recht anerkannt.
Auf sie finden die Vorschriften der §§ 687 ff. BGB entsprechende Anwendung[47].

Denkbar sind folgende Fallvarianten:
– Handeln eines Trägers öffentlicher Verwaltung für einen anderen.
– Handeln eines Trägers öffentlicher Verwaltung für einen Bürger.
– Handeln eines Bürgers für einen Träger öffentlicher Verwaltung[48].

Im Verhältnis zweier Träger öffentlicher Verwaltung untereinander und in der
Rechtsbeziehung eines Trägers öffentlicher Verwaltung zum Bürger sind stets
die speziellen öffentlich-rechtlichen Gesetze zu beachten, die einen Anspruch
aus öffentlich-rechtlicher Geschäftsführung ohne Auftrag ausschließen. Wegen
der zahlreichen Kompetenzregelungen, die für Träger öffentlicher Verwaltung
gelten, sind die Fälle, in denen die Geschäftsführung eines Bürgers für den Staat
dem öffentlichen Interesse entspricht, gering.

Geschäftsführung des Staates für den einzelnen Bürger ist dagegen am häufig-
sten Gegenstand öffentlich-rechtlichen Aufgabenstellungen.
Ihre Voraussetzungen lauten (§§ 677 ff. BGB analog):

(1.) Öffentlich-rechtlicher Gegenstand[49] der Geschäftsführung ohne Auftrag.

(2.) Objektiv und subjektiv fremdes Geschäft.

(3.) Beachtung des Interesses und wirklichen oder mutmaßlichen Willens des
Geschäftsherrn oder rechtzeitige, im öffentlichen Interesse liegende Erfüllung
einer Pflicht des Geschäftsherrn.

(4.) Rechtsfolge:
Aufwendungsersatz entsprechend §§ 683, 670 BGB.

---

47 Ehlers, Dirk, Verwaltung in Privatrechtsform, Berlin 1984, S. 476 m. w. N.
48 Erichsen, in: Erichsen/Martens, Allg. VerwR, S. 346.
49 BVerwGE 18, 221 (222).

Der Anspruch aus öffentlich-rechtlicher Geschäftsführung ohne Auftrag wird durch allgemeine Leistungsklage gemäß § 43 Abs. 2 VwGO[50] auf dem Verwaltungsrechtsweg geltend gemacht.

IV. Zwei- oder mehrseitig begründete Verwaltungsrechts-verhältnisse

Zwei- oder mehrseitig begründet werden Verwaltungsrechtsverhältnisse durch Vertrag.

Sie sind Gegenstand der Regelungen in §§ 54 bis 62 VwVfG und in den entsprechenden Ländergesetzen.

Zulässig sind koordinationsrechtliche Verträge zwischen Trägern öffentlicher Verwaltung (§ 54 S. 1 VwVfG) und subordinationsrechtliche Verträge zwischen Verwaltung und Bürger (§ 54 S. 2 VwVfG), soweit der Handlungsform des Vertrages Rechtsvorschriften nicht entgegenstehen.

1. Ein Sonderfall des subordinationsrechtlichen Vertrages ist der Austauschvertrag gemäß § 56 VwVfG.

Die Zulässigkeit seiner inhaltlichen Bestimmungen wird wie folgt geprüft:

(1.) § 56 Abs. 2 VwVfG:
Bei gebundener Leistung der Verwaltung ist nur die Vereinbarung einer Gegenleistung des Bürgers zulässig, die Gegenstand einer Nebenbestimmung (§ 36 VwVfG) sein kann.
Die Gegenleistung muß also den Zweck haben, die gesetzlichen Voraussetzungen für die Leistung der Verwaltung zu schaffen oder zu erhalten.

(2.) § 56 Abs. 1 VwVfG
Bei nichtgebundener Leistung der Verwaltung gilt:

(2.1.) Festlegung des Zwecks der Gegenleistung im Vertrag (§ 56 Abs. 1 S. 1 VwVfG).

(2.2.) Erfüllung öffentlicher Aufgaben der vertragschließenden Behörde als Ziel der Gegenleistung (§ 56 Abs. 1 S. 1 VwVfG)

---

50 Siehe dazu unten unter E. VI. 2. b), S. 137 ff.

(2.3.) Angemessenheit der Gegenleistung (§ 56 Abs. 1 S. 2 VwVfG).
Sie bestimmt sich unter Berücksichtigung des Verhältnismäßigkeits-
grundsatzes im weiteren Sinne[1].

(2.4.) Sachlicher Zusammenhang zwischen Gegenleistung und vertraglicher
Leistung der Behörde (§ 56 Abs. 1 S. 2 VwVfG)
Er ist gegeben, wenn die Gegenleistung demselben öffentlichen
Interesse dient wie die dem behördlichen Handeln zugrundeliegen-
den Rechtsnormen oder Rechtsgrundsätze[2].

(2.5.) Vereinbarkeit der Leistung der Behörde mit geltendem formellen
und materiellem Recht.

2. Gegenstand verwaltungsrechtlicher Fälle betreffend öffentlich-rechtliche Verträge ist auch die Fehlerhaftigkeit subordinationsrechtlicher Verträge.

§ 59 VwVfG bestimmt, daß nicht jeder fehlerhafte subordinationsrechtliche
Vertrag unwirksam ist.

Nichtig ist ein solcher Vertrag nur unter den folgenden Voraussetzungen:

(1.) § 59 Abs. 2 Nr. 1 VwVfG:
Nichtigkeit eines Verwaltungsakts entsprechenden Inhalts (§ 44
VwVfG)[3].

(2.) § 59 Abs. 2 Nr. 2 VwVfG:
Beachtliche Rechtswidrigkeit des Vertrages bei Kenntnis aller Ver-
tragspartner.
Grob-fahrlässige Unkenntnis genügt nicht.

(3.) § 59 Abs. 2 Nr. 3 VwVfG:
Beachtliche Verletzung der Voraussetzungen eines Vergleichsvertra-
ges nach § 55 VwVfG.
Kenntnis der Vertragsparteien ist nicht erforderlich.

(4.) § 59 Abs. 2 Nr. 4 VwVfG:
Verpflichtung des Bürgers zu einer unzulässigen Gegenleistung.
Mit dieser Regelung soll dem sogenannten „Verkauf von Hoheits-
rechten" entgegengewirkt werden.

---

1 Siehe zu diesem Grundsatz oben unter D.II.2.a) „Exkurs", S. 84 f.
2 Erichsen, in: Erichsen/Martens, Allg. VerwR, S. 330 m. w. N.
3 Siehe dazu Fall 24 a, Ziff. III.

(5.)   § 59 Abs. 1 VwVfG:
         Gründe, die nach bürgerlichem Recht zur Unwirksamkeit des Vertrages führen würden insbesondere:
         – § 134 BGB: Verstoß des Vertragsinhalts gegen ein gesetzliches Verbot[4].
         – § 125 BGB: Verstoß gegen das Schriftformerfordernis des § 57 VwVfG oder gegen andere gesetzliche Formerfordernisse.
         – § 138 BGB: Sittenwidrigkeit des Vertrages.
         – § 306 BGB: Anfängliche objektive Unmöglichkeit einer Leistung.

(6.)   § 62 VwVfG i. V. m. §§ 119, 120, 123 BGB: Anfechtung des Vertrages.

(7.)   Nach § 58 VwVfG ist ein Vertrag, der Rechte Dritter betrifft oder für den Zustimmungs-, Genehmigungs- oder Einvernehmensrechte anderer Behörden bestehen, solange schwebend unwirksam, bis der Dritte zugestimmt beziehungsweise die andere Behörde mitgewirkt hat[5].
         Die Wirksamkeit verwaltungsrechtlicher Verträge kann im Rahmen der allgemeinen Leistungsklage gemäß § 43 Abs. 2 VwGO geprüft werden oder Gegenstand einer Feststellungsklage nach § 43 Abs. 1 VwGO sein[6].

3. Folgende Ansprüche aus verwaltungsrechtlichem Vertrag können in öffentlich-rechtlichen Aufgaben zu prüfen sein.

a) Erfüllungsansprüche.

Voraussetzungen sind:

(1.)   Öffentlich-rechtlicher Vertrag.
         Kriterium: Gegenstand der vertraglichen Regelung.

(2.)   Art des Vertrages:

(2.1.)   Koordinationsrechtlicher Vertrag.

(2.2.)   Subordinationsrechtlicher Vertrag (§ 54 S. 2 VwVfG).

---

4 Dazu näher Kopp, VwVfG, § 59 Rdnr. 7 ff.
5 OVG Münster, NVwZ 1984, 522 (524).
6 Siehe dazu unten unter E. VI. 2. b), S. 137 ff. und E. VI. 3., S. 141 ff.

Besondere Fälle:
Vergleichsvertrag (§ 55 VwVfG).
Austauschvertrag (§ 56 VwVfG).

(3.)   Wirksamkeit des Vertrages

(3.1.)   Vereinbarkeit von Form und Inhalt mit geltendem Recht.

(3.2.)   Bei Austauschverträgen:
         Alle Anforderungen des § 56 VwVfG sind zu beachten. Diese werden
         leicht übersehen!

(3.3.)   Nichtigkeit von Vertragsbestimmungen nur unter den Voraussetzun-
         gen des § 59 Abs. 1 und 2 VwVfG.
         Auswirkung auf den gesamten Vertrag: Grundsätzlich Nichtigkeit
         (§ 59 Abs. 3 VwVfG).

(3.4.)   Eventuell Anfechtung wegen Willensmängeln gem. § 62 VwVfG
         i. V. m. §§ 119 ff. BGB.
         Auf Erfüllung und Leistungsstörungen finden über § 62 VwVfG im
         übrigen die Vorschriften des bürgerlichen Rechts entsprechende An-
         wendung.

b) Erstattungsansprüche

können im Falle der Nichtigkeit eines öffentlich-rechtlichen Vertrages entstehen[7].

c) Schadensersatzansprüche

Ansprüche auf Schadensersatz aus der Verletzung öffentlich-rechtlicher Verträge beurteilen sich nach § 62 VwVfG i. V. m. den Vorschriften des bürgerli-
chen Rechts (§§ 275 ff., 320 ff. BGB; positive Vertragsverletzung).

Für sie ist der Verwaltungsrechtsweg gegeben (§ 40 Abs. 2 S. 1 VwGO).

Erfüllungs-, Erstattungs- und Schadensersatzansprüche werden mit der allgemeinen Leistungsklage (§ 43 Abs. 2 VwGO) geltend gemacht[8].

---

7 Zur Prüfung siehe oben unter E.III.1.f., S. 110f.
8 Siehe dazu unten unter E.VI.2.b), S. 137ff.

V. Privatrechtliche Rechtsverhältnisse zwischen öffentlicher Verwaltung und Bürger

Das privatrechtliche Handeln der Verwaltung gliedert sich in drei Bereiche:
– Erwerbswirtschaftliche Tätigkeit.
– Fiskalische Hilfsgeschäfte.
– Verwaltungsprivatrecht.

In den ersten beiden Fällen kommt ausschließlich Privatrecht zur Anwendung. Die Verwaltung ist aber auch hier an die Zuständigkeitsregelungen des öffentlichen Rechts und die haushaltsrechtlichen Vorgaben gebunden.

Erfüllt die Verwaltung unmittelbar öffentliche Aufgaben und bedient sie sich zu diesem Zweck der Formen des Privatrechts, so ist sie stärker öffentlich-rechtlich gebunden. Sie hat insbesondere die Grundrechte zu beachten[1].

Die Fälle des Verwaltungsprivatrechts umfassen die Tätigkeiten der Daseinsvorsorge wie die Versorgung mit Gas, Wasser und Strom, die Entwässerung und die Müllabfuhr.

VI. Verwaltungsrechtliche Rechtsbehelfe

Die Verwaltungsgerichtsordnung kennt Gestaltungs-, Leistungs- und Feststellungsklagen sowie die Normenkontrolle nach § 47 VwGO[1]. Im folgenden werden die Zulässigkeits- und Begründetheitsprüfung des jeweiligen Rechtsbehelfs im einzelnen erläutert und gleichzeitig *Vorschläge* für den Fallaufbau unterbreitet.

1. Gestaltungsklagen (§ 43 Abs. 1 S. 1 VwGO)

a) Anfechtungsklage (§ 42 Abs. 1 VwGO)

(1.)   Zulässigkeit

(1.1.)   Verwaltungsrechtsweg
Spezialzuweisung an das Verwaltungsgericht oder Generalklausel des § 40 Abs. 1 VwGO.

---

1 (zu V) BGHZ 91, 84 (96); Wolff/Bachof, VerwR I, § 23 II b. Siehe zu den Grundrechten oben unter D. II., S. 79 ff.
1 (zu VI) Siehe die Übersicht oben unter E. I., S. 102.

(1.1.1.) Öffentlich-rechtliche Streitigkeit
Sie ist gegeben, wenn sich die Hauptfrage nach Vorschriften des öffentlichen Rechts beurteilt.
- Hauptfrage: Was verlangt der Kläger?
- Nach welchen Vorschriften richtet sich die Beurteilung der Hauptfrage?
- Gehören die Vorschriften dem öffentlichen Recht an?
Heranzuziehen sind die traditionellen Theorien zur Abgrenzung von privatem und öffentlichem Recht.
  - Subjektstheorie:
  Öffentliches Recht ist der Inbegriff der Rechtssätze, deren Zuordnungssubjekt ausschließlich ein Träger hoheitlicher Gewalt ist[2].
  - Subjektionstheorie:
  Öffentliches Recht liegt vor, wenn sich die Beteiligten in einem Über-Unterordnungsverhältnis gegenüberstehen[3].
- Interessentheorie:
Nach öffentlichem Recht beurteilt sich ein Rechtsverhältnis, wenn es überwiegend durch das Interesse der Allgemeinheit bestimmt ist[4].

(1.1.2.) Keine Zuweisung an ein anderes Gericht.

(1.1.3.) Nichtverfassungsrechtliche Streitigkeit.
Verfassungsrechtlich ist eine Streitigkeit, wenn *nur* am Verfassungsleben Beteiligte an der öffentlich-rechtlichen Streitigkeit beteiligt sind.

(1.2.)   Klageart: Anfechtungsklage (§ 42 Abs. 1 VwGO)
Der Kläger muß die Aufhebung eines Verwaltungsakts begehren.
Verwaltungsakt:
Legaldefinition in § 39 VwVfG[5].

(1.3.)   Klagebefugnis (§ 42 Abs. 2 VwGO)
Möglichkeit der Verletzung in eigenen Rechten durch den Erlaß des angefochtenen Verwaltungsakts[6].

---

2 Wolff/Bachof, VerwR I, § 22 II c, S. 9 ff.
3 BGHZ 14, 222 (227); 41, 264 ff.
4 Zu allen drei Theorien siehe Tschira/Schmitt-Glaeser, VerwProzR, S. 28 ff.
5 Fall 21, Ziff. I. 2.; Fall 22, Ziff. I. 1. 2., II. 1. 2.
6 BVerwGE 17, 87 (91); 39, 345 (347 f.); 60, 154 (157 f.).

Eine mögliche Rechtsverletzung liegt immer dann vor, wenn die Norm, auf die der Verwaltungsakt gestützt wird, zumindest *auch* den Kläger zu schützen bestimmt ist[7].
Der Kläger muß die Möglichkeit einer Rechtsverletzung vortragen.

(1.4.)   Zuständigkeit des Verwaltungsgerichts
  – sachliche (§ 45 VwGO);
  – örtliche (§ 52 VwGO).

(1.5.)   Beteiligtenfähigkeit (§ 61 VwGO)
Beteiligtenfähig ist grundsätzlich, wer rechtsfähig ist.
Von diesem Grundsatz macht § 61 VwGO in Nr. 2 und 3 Ausnahmen.

(1.5.1.)   § 61 Nr. 1 VwGO: Natürliche und juristische Personen.

(1.5.2.)   § 61 Nr. 2 VwGO:
Nichtrechtsfähige Personenvereinigungen, wenn ihnen im Hinblick auf den konkreten Streitgegenstand ein subjektiv-öffentliches Recht zustehen kann[8].
Besondere Regelungen finden sich in:
§ 4 Abs. 1 Postverwaltungsgesetz und § 2 Abs. 1 Bundesbahngesetz für Bundespost und Bundesbahn (nicht-rechtsfähige Sondervermögen des Bundes);
§ 124 HGB für die offene Handelsgesellschaft;
§ 161 Abs. 2 i. V. m. § 124 HGB für die Kommanditgesellschaft;
§ 3 Parteiengesetz für politische Parteien.

(1.5.3.)   § 61 Nr. 3 VwGO:
Behörden nach Bestimmung des Landesrechts in den Ausführungsgesetzen zur Verwaltungsgerichtsordnung (Niedersachen: § 10 Abs. 1; Nordrhein-Westfalen: § 5 Abs. 1; Rheinland-Pfalz: § 17 Abs. 2; Saarland: § 17 Abs. 1; Schleswig-Holstein: § 6 S. 1).

(1.6.)   Prozeßfähigkeit (§ 62 VwGO)
Grundsätzlich gilt: Prozeßfähig ist, wer geschäftsfähig ist.
Im einzelnen:

(1.6.1.)   § 62 Abs. 1 Nr. 1 VwGO: Nach bürgerlichem Recht Geschäftsfähige.

---

7 BVerfGE 27, 297 (307); BVerwGE 72, 226 (229f.). Zur Schutznormlehre siehe auch: Erichsen, in: Erichsen/Martens, AllgVerwR, S. 158ff.
8 Kopp, VwGO, § 61 Rdnr. 12.

(1.6.2.) § 62 Abs. 1 Nr. 2 VwGO:
Nach bürgerlichem Recht beschränkt Geschäftsfähige bei ausnahms-
weiser Anerkennung der vollen Geschäftsfähigkeit für den Streitgegenstand. Beispiele: §§ 112, 113 BGB; § 19 Abs. 5 Wehrpflichtgesetz.
Für Prozeßunfähige handeln ihre gesetzlichen Vertreter.

(1.6.3.) § 62 Abs. 2 VwGO:
Juristische Personen (§ 61 Nr. 1 VwGO) und nichtrechtsfähige Vereinigungen (§ 61 Nr. 2 VwGO) sowie Behörden (§ 61 Nr. 3 VwGO)
werden von ihren gesetzlichen Vertretern, Vorständen oder besonders Beauftragten vor Gericht vertreten.

(1.7.) Ordnungsmäßigkeit der Klage

(1.7.1.) Form der Klageerhebung:
§ 81 VwGO: Schriftform.
§ 82 VwGO: Inhalt der Klageschrift.

(1.7.2.) Frist
§§ 74 Abs. 1, 58 Abs. 2 VwGO: Frist grundsätzlich ein Monat nach
Zustellung des Widerspruchsbescheids; bei unterbliebener oder
unrichtiger Rechtsbehelfsbelehrung ein Jahr.

(1.8.) Widerspruchsverfahren (§§ 68 ff. VwGO)
Der Anfechtungsklage ist eine Überprüfung der Rechtmäßigkeit und
Zweckmäßigkeit im Wege eines als Widerspruchsverfahren bezeich-
neten Verwaltungsverfahrens vorgeschaltet (§ 68 Abs. 1 S. 1 VwGO).
Ausnahmen:
– Ein formelles Gesetz bestimmt ausnahmsweise den Verzicht auf
   das Vorverfahren (§ 68 Abs. 1 S. 2 VwGO).
   Beispiel: § 112 Gemeindeordnung für das Land Nordrhein-West-
   falen.
– Der Verwaltungsakt ist von einer obersten Bundes- oder Landes-
   behörde erlassen, es sei denn, ein formelles Gesetz bestimmt die
   Notwendigkeit eines Vorverfahrens (§ 68 Abs. 1 S. 2 Nr. 1
   VwGO).
   Beispiele: § 126 Abs. 3 Nr. 1 BRRG; § 172 BBG i. V. m. § 126
   Abs. 3 Nr. 1 BRRG; § 55 Personenbeförderungsgesetz.
– Ein Dritter wird erstmalig durch den Verwaltungsakt beschwert
   (§ 68 Abs. 1 S. 2 Nr. 2 VwGO).

Das Widerspruchsverfahren wird wie folgt geprüft:

(1.8.1.)   Keine Ausnahme von der Nachprüfung im Vorverfahren nach § 68
          Abs. 1 S. 2 VwGO.

(1.8.2.)   Erhebung des Widerspruchs bei der erlassenden Behörde (§§ 69, 70
          Abs. 1 S. 1 VwGO)

(1.8.3.)   Frist: Ein Monat nach Bekanntgabe des Verwaltungsakts (§ 70 Abs. 1
          S. 1 VwGO), bei unterbliebener oder rechtswidriger Rechtsbehelfs-
          belehrung ein Jahr (§ 70 Abs. 2 i. V. m. § 58 Abs. 2 VwGO).
          Bei nach §§ 41, 43 Abs. 1 VwVfG unwirksamer Bekanntgabe des
          Verwaltungsakts ist der Widerspruch unbefristet.

(1.8.4.)   Wirkung:
          Der Widerspruch hat aufschiebende Wirkung (§ 80 Abs. 1 VwGO)[9].

(1.8.5.)   Rechtsfolge:
          Entweder Abhilfeentscheidung der Erstbehörde (§ 72 VwGO) oder
          Erlaß eines Widerspruchsbescheids (§ 73 Abs. 1 S. 1 VwGO).
          Zuständig ist
          – grundsätzlich die nächsthöhere Behörde (§ 73 Abs. 1 S. 2 Nr. 1
            VwGO);
          – ausnahmsweise die Erstbehörde, wenn die nächsthöhere Behörde
            eine oberste Bundes- oder Landesbehörde ist (§ 73 Abs. 1 S. 2
            Nr. 1 VwGO) oder wenn es sich um Verwaltungsakte in Selbstver-
            waltungsangelegenheiten (eigene Angelegenheiten in eigener Ver-
            antwortung; *nicht* Auftragsangelegenheiten, *nicht* Pflichtaufgaben
            nach Weisung) handelt.
          Durch Gesetz kann die Zuständigkeit einer anderen als der Erst-
          behörde in Selbstverwaltungsangelegenheiten bestimmt werden
          (§ 73 Abs. 1 S. 2 Nr. 3 VwGO). Beispiele: Art. 119 Nr. 1, 110
          Bayerische Gemeindeordnung und die Ausführungsgesetze zur
          Verwaltungsgerichtsordnung in Baden-Württemberg (§§ 7, 8
          Abs. 1), Bremen (Art. 9 Abs. 2 und 3), Hamburg (§ 7), Rheinland-
          Pfalz (§ 6), Saarland (§ 6 Abs. 1 Nr. 1 und 2, Abs. 2).

          Der Widerspruchsbescheid ist zu begründen und mit einer Rechtsmit-
          telbelehrung zu versehen (§ 73 Abs. 3 S. 1 VwGO).

(2.)   Begründetheit
          Die Anfechtungsklage ist begründet, wenn Kläger und Beklagter
          sachlegitimiert sind und der angefochtene Verwaltungsakt rechtswid-

---

9   Dazu ausführlich: Tschira/Schmitt-Glaeser, VerwProzR, S. 137 ff., Rdnr. 337 ff.

rig und der Kläger dadurch in seinen Rechten verletzt ist (§ 113 Abs. 1 S. 1 VwGO).

(2.1.)   **Aktivlegitimiert** ist der Kläger, dem das geltend gemachte Recht zusteht.

Die **Passivlegitimation richtet sich nach § 78 VwGO:**

(2.1.1.)   § 78 Abs. 1 Nr. 1 VwGO:

Bund, Land oder „Körperschaften" (auch Anstalten und Stiftungen des öffentlichen Rechts), deren Behörde den angefochtenen Verwaltungsakt erlassen hat.

(2.1.2.)   § 78 Abs. 1 Nr. 2 VwGO:

Erstbehörde, wenn es das Landesrecht bestimmt. So die Ausführungsgesetze zur Verwaltungsgerichtsordnung in Nordrhein-Westfalen (§ 5 Abs. 2), Niedersachsen (§ 10 Abs. 2), Schleswig-Holstein (§ 6 S. 2), Saarland (§ 17 Abs. 2).

(2.1.3.)   § 78 Abs. 2, § 79 Abs. 2 S. 3 VwGO:

Widerspruchsbehörde, wenn der Widerspruchsbescheid einen Dritten erstmalig beschwert oder wenn er wegen zusätzlicher selbständiger Beschwer alleiniger Gegenstand der Anfechtungsklage ist.

(2.2.)   **Rechtmäßigkeit des Verwaltungsakts**

(2.2.1.)   **Formelle Rechtmäßigkeit**

Sie darf nur geprüft werden, wenn der Kläger einzelne Punkte rügt oder die Behörde sie im Sachverhalt anspricht!

(2.2.1.1.) Sachliche und örtliche Zuständigkeit der erlassenden Behörde.

(2.2.1.2.) Einhaltung der Formvorschriften des § 37 Abs. 2 bis 4 VwVfG.

(2.2.1.3.) Inhaltliche Bestimmtheit des Verwaltungsakts (§ 37 Abs. 1 VwVfG).

(2.2.1.4.) Ordnungsgemäßes Verwaltungsverfahren (§§ 9 ff. VwVfG).

(2.2.1.5.) Begründung des Verwaltungsakts (§ 39 VwVfG).

(2.2.1.6.) Bekanntgabe des Verwaltungsakts (§§ 41, 43 Abs. 1 VwVfG).

(2.2.2.)   **Materielle Rechtmäßigkeit**

(2.2.2.1.) Rechtsgrundlage des Verwaltungsakts.

(2.2.2.2.) Formelle und materielle Gültigkeit der Rechtsgrundlage.

(2.2.2.3.) Vereinbarkeit des Verwaltungsakts mit der Rechtsgrundlage.
- Erfüllung der gesetzlichen Voraussetzungen.
- Richtiger Adressat des Verwaltungsakts.
- Einhaltung des Grundsatzes der Verhältnismäßigkeit im weiteren Sinne[10].
- Bei Einräumen eines Ermessens im Gesetz: Fehlerfreie Ermessensausübung[11]

(2.3.) **Verletzung des Klägers in einem subjektiv-öffentlichen Recht.**

Beachte:
Es darf nicht der Fehler gemacht werden, sich bei der Bearbeitung eines Falles streng an die oben entwickelte Lösungsfolge zu halten. Insbesondere die einzelnen Zulässigkeitsvoraussetzungen sind nur dann zu prüfen, wenn sie für die Zulässigkeit gerade der zu behandelnden Anfechtungsklage relevant sind.
Auch die Prüfungsreihenfolge der einzelnen Punkte bedarf unter Umständen der Anpassung an den konkreten Fall.
Der hier vorgestellte Lösungsgang bildet lediglich *einen Vorschlag und kein Patentrezept für die Fallbearbeitung!*

b) Fortsetzungsfeststellungsklage (§ 113 Abs. 1 S. 4 VwGO)[12]

War ursprünglich eine Anfechtungsklage möglich, hat sich aber der Verwaltungsakt „vorher" erledigt, so spricht das Gericht auf Antrag bei berechtigtem Interesse des Klägers durch Urteil aus, daß der Verwaltungsakt rechtswidrig war.

(1.) **Zulässigkeit**

(1.1.) **Öffentlich-rechtliche Streitigkeit nichtverfassungsrechtlicher Art (§ 40 Abs. 1 VwGO)[13]**

(1.2.) **Klageart:**
Fortsetzungsfeststellungsklage oder verlängerte Anfechtungsklage gemäß § 113 Abs. 1 S. 4 VwGO

(1.2.1.) Verwaltungsakt (§ 35 VwVfG) hat vorgelegen.

---

10 Siehe oben unter D.II.2.a) „Exkurs", S. 84f.
11 Fall 20, Ziff. II.2.; Fall 21, Ziff. II.3.; Fall 22, Ziff. I.2.2., II.2.2.
12 Fall 20, Ziff. I.2., I.3.
13 Siehe E.VI.1.a) (1.1.), S. 125f.

(1.2.2.)   Erledigung des Verwaltungsakts durch
Rücknahme, Widerruf, anderweitige Aufhebung;
Tod des Beteiligten bei höchstpersönlichen Rechten;
Fristablauf u. a.

(1.2.3.)   Erledigung *nach* Klageerhebung und *vor* Klageentscheidung.
Nach herrschender Meinung ist die Fortsetzungsfeststellungsklage analog auch auf die Fälle anwendbar, in denen sich der Verwaltungsakt *vor* Erhebung der Anfechtungsklage erledigt hat[14].
Es handelt sich dann um eine sogenannte „erweiterte" Fortsetzungsfeststellungsklage.

(1.3.)   **Klagebefugnis**
Die Klagebefugnis setzt voraus:

(1.3.1.)   Möglichkeit der Rechtsverletzung (§ 42 Abs. 2 VwGO)[15]

(1.3.2.)   Berechtigtes Interesse an der Feststellung der Rechtswidrigkeit des erledigten Verwaltungsakts (§ 113 Abs. 1 S. 4 VwGO).
Die Feststellung muß zur Wahrung der durch den erledigten Verwaltungsakt betroffenen Interessen imstande sein[16].

(1.4.)   **Sachliche (§ 45 VwGO) und örtliche (§ 52 VwGO) Zuständigkeit des Verwaltungsgerichts**

(1.5.)   **Beteiligtenfähigkeit (§ 61 VwGO)[17].**

(1.6.)   **Prozeßfähigkeit (§ 62 VwGO)[18]**

(1.7.)   **Ordnungsmäßigkeit der Klage**
Form: §§ 81, 82 VwGO
Frist: §§ 74 Abs. 1, 58 Abs. 2 VwGO.
Die Fristvorschriften des Anfechtungsverfahrens gelten auch bei der erweiterten Fortsetzungsfeststellungsklage bis zur Erledigung[19].

(1.8.)   **Widerspruchsverfahren (§§ 68 ff. VwGO)**
§ 113 Abs. 1 S. 4 VwGO setzt grundsätzlich ein erfolglos gebliebenes Vorverfahren voraus. Bis zur Erledigung gelten auch nach der Recht-

---

14   Fall 20, Ziff. I.2.2. mit FN 4.
15   Siehe E.VI.1.a) (1.3.), S. 126.
16   Fall 20, Ziff. I.3.2.,
17   Siehe E.VI.1.a) (1.5.), S. 126 f.
18   Siehe E.VI.1.a) (1.6.), S. 127.
19   BVerwGE 26, 161 (167 f.).

sprechung des Bundesverwaltungsgerichts die Vorschriften des Anfechtungsverfahrens[20].

Erledigt sich daher ein Verwaltungsakt nach Versäumung der Widerspruchsfrist, so ist eine Klage nach § 113 Abs. 1 Nr. 4 VwGO unzulässig.

Das Vorverfahren ist nur entbehrlich, wenn sich der Verwaltungsakt *vor* Ablauf der Widerspruchsfrist erledigt hat[21].

(2.) **Begründetheit**

(2.1.)   Sachlegitimation der Parteien[22]

(2.2.)   Rechtswidrigkeit des erledigten Verwaltungsakts im Zeitpunkt seines Erlasses.

(2.3.)   Verletzung des Klägers in einem subjektiv-öffentlichen Recht durch den erledigten Verwaltungsakt.

c) Antrag auf Rückgängigmachung der Vollziehung eines angefochtenen Verwaltungsakts (§ 113 Abs. 1 S. 2 VwGO)

(1.) **Zulässigkeit**

(1.1.)   Begründete Anfechtungsklage

(1.2.) · Besonderer Antrag auf Rückgängigmachung der Vollzugsfolgen (Annexantrag zur Anfechtungsklage)
„Vollzug" bedeutet behördliche Vollziehung gegenüber dem Kläger oder Befolgung des Verwaltungsakts durch den Kläger.

(1.3.)   Antrag kann gerichtet sein auf ein tatsächliches Verhalten oder auf den Erlaß eines Verwaltungsakts.

(1.4.)   Rechtsschutzbedürfnis.
Es darf kein schnellerer und einfacherer Weg zur Vollzugsfolgenbeseitigung gegeben sein.

(2.) **Begründetheit**

(2.1.)   Sachlegitimation der Parteien[23]

---

20   BVerwG, a.a.O.
21   Tschira/Schmitt-Glaeser, VerwProzR, S. 202 f., FN 513.
22   Siehe E.VI.1.a) (2.1.), S. 129 f.
23   Siehe E.VI.1.a) (2.1.), S. 129 f.

(2.2.) Folgenbeseitigungsanspruch[24]

(2.2.1.) Hoheitliches Handeln durch Verwaltungsakt

(2.2.2.) Fortdauernde Rechtsbeeinträchtigung

(2.2.3.) Rechtswidrigkeit der Rechtsbeeinträchtigung
(Aufhebung des Verwaltungsakts)

(2.3.) Tatsächliche Möglichkeit der Rückgängigmachung der Vollziehung.

(2.4.) Spruchreife
Der Anspruch auf Rückgängigmachung der Vollziehung muß spruchreif sein, d. h. die Feststellungen des Gerichts müssen eine abschließende Entscheidung über die Klage ermöglichen.
Das Gericht darf nicht in unangemessener Weise in den Zuständigkeitsbereich der Verwaltung eingreifen. Deshalb ist in der Regel bei Ermessensentscheidungen Spruchreife nicht gegeben, es sei denn, das Ermessen ist im besonderen Fall auf null reduziert[25].

2. Leistungsklagen (§ 43 Abs. 2 S. 1 VwGO)

a) Verpflichtungsklage (§ 42 Abs. 1 VwGO)

Mit der Verpflichtungsklage wird der Erlaß eines abgelehnten Verwaltungsakts (Versagungsgegenklage oder Weigerungsgegenklage) oder eines unterlassenen Verwaltungsakts (Untätigkeitsklage) begehrt.

Ist die Sache spruchreif, so richtet sich der Klageantrag auf Erlaß des begehrten Verwaltungsakts.

Ist die Sache nicht spruchreif, so ist das Klagebegehren gerichtet auf eine Bescheidung durch die Verwaltung, die die Rechtsauffassung des Gerichts beachtet.

---

24 Dazu im einzelnen oben unter E.III.1.d), S. 108 f.
25 BVerwGE 16, 214 (218 f.).

aa) Versagungsgegenklage

(1.)   Zulässigkeit

(1.1.)   Verwaltungsrechtsweg (§ 40 Abs. 1 VwGO)[26]

(1.2.)   Klageart:
            Verpflichtungsklage (§ 42 Abs. 1 VwGO)
            Sie ist gerichtet auf den Erlaß eines abgelehnten Verwaltungsakts und
            setzt notwendig zunächst die Aufhebung des versagenden Verwal-
            tungsakts voraus.

            Verwaltungsakt:
            Legaldefinition in § 35 VwVfG[27].

(1.3.)   Klagebefugnis (§ 42 Abs. 2 VwGO)
            Möglichkeit der Rechtsverletzung durch die Ablehnung des beantrag-
            ten Verwaltungsakts.
            Sie liegt immer vor, wenn der Kläger einen materiellen Rechtsan-
            spruch auf Erlaß des Verwaltungsakts beziehungsweise auf eine feh-
            lerfreie Ermessensentscheidung über den Erlaß plausibel geltend
            machen kann.

(1.4.)   Erfolgloses Antragsverfahren

(1.5.)   Zuständigkeit des Verwaltungsgerichts
            – sachliche (§ 45 VwGO);
            – örtliche (§ 52 VwGO).

(1.6.)   Beteiligtenfähigkeit (§ 61 VwGO)[28].

(1.7.)   Prozeßfähigkeit (§ 62 VwGO)[29].

(1.8.)   Ordnungsmäßigkeit der Klageerhebung.

(1.8.1.)   Form:
            § 81 VwGO: Schriftform;
            § 82 VwGO: Inhalt der Klageschrift.

(1.8.2.)   Frist:
            §§ 74 Abs. 2, 58 Abs. 2 VwGO:

---

26 Siehe E. VI.1.a) (1.1.), S. 125 f.
27 <u>Fall 21</u>, Ziff. I.2.; <u>Fall 22</u>, Ziff. I.1.2., II.1.2.
28 Siehe E. VI.1.a) (1.5.), S. 126. f.
29 Siehe E. VI.1.a) (1.6.), S. 127 f.

Ein Monat nach Zustellung des Widerspruchsbescheids; bei unterbliebener oder unrichtiger Rechtsbehelfsbelehrung ein Jahr.

(1.9.)   Widerspruchsverfahren (§ 68 Abs. 2 VwGO)
Es gelten die gleichen Voraussetzungen wie bei der Anfechtungsklage[30].
Jedoch hat der Widerspruch vor Erhebung der Versagungsgegenklage *keine* aufschiebende Wirkung!

(2.)   Begründetheit

(2.1.)   Sachlegitimation der Parteien[31]
§ 78 Abs. 1 Nr. 2 VwGO ist auf die Versagungsgegenklage anwendbar, auch wenn er nur die Untätigkeitsklage erwähnt.

(2.2.)   Rechtswidrigkeit der Ablehnung des beantragten Verwaltungsakts (§ 113 Abs. 4 S. 1 VwGO).
Sie kann sich ergeben
– aus einem Gesetz, das die Ablehnung ausdrücklich unter bestimmten Voraussetzungen vorsieht;
– aus einem Gesetz, das den Erlaß des abgelehnten Verwaltungsakts regelt;
– aus der gesetzlichen Grundlage für einen direkten Anspruch auf Erlaß des Verwaltungsakts.

(2.3.)   Verletzung des Klägers in eigenen Rechten (§ 113 Abs. 4 S. 1 VwGO).

(2.4.).   Spruchreife[32] (§ 113 Abs. 4 VwGO)
Liegt Spruchreife vor, so spricht das Gericht die Verpflichtung aus, den Verwaltungsakt zu erlassen (§ 113 Abs. 4 S. 1 VwGO).
Liegt keine Spruchreife vor, so verpflichtet das Gericht die beklagte Partei, dem Kläger gegenüber einen sachlichen, die Rechtsauffassung des Gerichts beachtenden Bescheid zu erlassen (§ 113 Abs. 4 S. 2 VwGO).

---

30   Siehe E.VI.1.a), (1.8.), S. 128 f.
31   Siehe E.VI.1.a.) (2.1.), S. 129 f.
32   Siehe dazu oben unter E.VI.1.c) (2.4.), S. 133 f.

bb) Untätigkeitsklage

(1.) Zulässigkeit

(1.1.) Verwaltungsrechtsweg (§ 40 Abs. 1 VwGO)[33]

(1.2.) Klageart:
Untätigkeitsklage (§§ 42 Abs. 1, 75 S. 1 VwGO).
Sie ist gerichtet auf den Erlaß eines unterlassenen Verwaltungsakts
(§ 39 VwVfG).

(1.3.) Klagebefugnis (§ 42 Abs. 2 VwGO)
Möglichkeit der Rechtsverletzung durch die Untätigkeit der Behörde.

(1.4.) Fehlen einer Sachentscheidung über den Antrag auf Vornahme eines
Verwaltungsakts innerhalb angemessener Frist, ohne daß ein zureichender Grund für die Verzögerung besteht (§ 75 S. 1 VwGO)[34].

(1.5.) Zuständigkeit des Verwaltungsgerichts (§§ 45, 52 VwGO).

(1.6.) Beteiligtenfähigkeit (§ 61 VwGO)[35].

(1.7.) Prozeßfähigkeit (§ 62 VwGO)[36].

(1.8.) Ordnungsmäßigkeit der Klageerhebung.
Form: §§ 81, 82 VwGO
Frist: § 75 S. 2 VwGO.
In der Regel erst nach Ablauf von drei Monaten seit dem Antrag auf
Vornahme des Verwaltungsakts.

(1.9.) Widerspruchsverfahren
Ein Widerspruchsverfahren ist *nicht* durchzuführen, wie sich aus § 68
Abs. 2 VwGO ergibt.

(2.) Begründetheit

(2.1.) Sachlegitimation der Parteien[37].

(2.2.) Rechtswidrigkeit der Unterlassung des beantragten Verwaltungsakts
(§ 113 Abs. 4 S. 1 VwGO).

---

33 Siehe E. VI.1.a) (1.1.), S. 125 f.
34 Tschira/Schmitt-Glaeser, VerwProzR, S. 128 ff. (Rdnr. 315 ff.).
35 Siehe E. VI.1.a) (1.5.), S. 126 f.
36 Siehe E. VI.1.a) (1.6.), S. 127.
37 Siehe E. VI.1.a) (2.1.), S. 129 f.

Zu ihrer Beurteilung können herangezogen werden
- das Gesetz, das den Erlaß des unterlassenen Verwaltungsakts regelt;
- eine Regelung, aus der sich ein Anspruch auf Erlaß des unterlassenen Verwaltungsakts ergibt.

(2.3.)   Verletzung des Klägers in subjektiv-öffentlichen Rechten (§ 113 Abs. 4 S. 1 VwGO).

(2.4.)   Spruchreife[38] (§ 113 Abs. 4 VwGO)
Der Klagegegner wird zum Erlaß des begehrten Verwaltungsakts verurteilt, wenn die Sache spruchreif ist (§ 113 Abs. 4 S. 1 VwGO).
Liegt Spruchreife nicht vor, so verpflichtet ihn das Gericht zur Verbescheidung des Antrags auf Erlaß eines Verwaltungsakts unter Beachtung der Rechtsauffassung des Gerichts (§ 113 Abs. 4 S. 2 VwGO).

b) Allgemeine Leistungsklage (§ 43 Abs. 2 VwGO)

Die allgemeine Leistungsklage zielt auf die Vornahme oder das Unterlassen schlichten Verwaltungshandelns.
Folgende Punkte sind in der Fallösung zu prüfen:

(1.)   Zulässigkeit

(1.1.)   Verwaltungsrechtsweg (§ 40 Abs. 1 VwGO)[39]

(1.2.)   Klageart:
Allgemeine Leistungsklage.
Ihre Zulässigkeit als Rechtsbehelf ergibt sich aus §§ 43 Abs. 2, 111, 113 Abs. 3 VwGO.
Gegenstand der Leistungsklage sind hoheitliche Einzelmaßnahmen der Verwaltung, die nicht als Verwaltungsakt qualifiziert werden können[40].
Die allgemeine Leistungsklage ist gegenüber der Verpflichtungsklage subsidiär.
Unterfälle sind:

---

38 Siehe dazu oben unter E.VI.1.c) (2.4.), S. 133f.
39 Siehe E.VI.1.a) (1.1.), S. 125f.
40 Vergl. BVerwGE 14, 323 (328); BGHZ 34, 99 (108f.).

(1.2.1.) Vornahmeklage

Die Vornahmeklage ist gerichtet auf die Vornahme schlichten Verwaltungshandelns.

Beispiele: Zahlung von Geldbeträgen; Leistung von Schadensersatz oder Entschädigung; Beseitigung von Folgen rechtswidrigen Verwaltungshandelns; Erstattung von Leistungen; Auskünfte.

(1.2.2.) Unterlassungsklage

Die Unterlassungsklage ist gerichtet auf Unterlassung schlichten Verwaltungshandelns.

Dabei müssen zwei Arten der Unterlassungsklage unterschieden werden:

(1.2.2.1.) Der Kläger begehrt Unterlassung eines bereits vorgenommenen Eingriffs für die Zukunft.

(1.2.2.2.) Der Kläger begehrt Unterlassung eines bisher noch drohenden Eingriffs der Verwaltung.

Die Zulässigkeit dieser „vorbeugenden" Unterlassungsklage ist grundsätzlich anerkannt[41].

(1.3.) Rechtsschutzbedürfnis

(1.3.1.) Im Falle der *vorbeugenden Unterlassungsklage* ist ein qualifiziertes Rechtsschutzbedürfnis zu prüfen.

Der Kläger muß die ernstliche Gefahr eines rechtswidrigen behördlichen Eingriffs in seine Rechte sowie besondere Gründe dafür nachweisen, daß ihm das Abwarten des Eingriffs nicht zugemutet werden kann.

(1.3.2.) Im Falle der *Vornahmeklage* ist das allgemeine Rechtsschutzbedürfnis nur dann zu bejahen, wenn der Kläger vor Klageerhebung das schlichte Verwaltungshandeln bei der zuständigen Behörde beantragt hat.

(1.4.) Klagebefugnis (§ 42 Abs. 2 VwGO analog)

§ 42 Abs. 2 VwGO gilt seinem Wortlaut nach nur für Anfechtungs- und Verpflichtungsklagen.

Die Geltendmachung der Verletzung eigener Rechte und damit der Ausschluß der Popularklage ist eine Grundbedingung des Art. 19

---

41 Siehe BVerwGE 71, 183 (188f.).

Abs. 4 GG und gilt deshalb für alle Klagen gemäß § 40 Abs. 1 VwGO gegen Einzelakte der Verwaltung.

§ 42 Abs. 2 VwGO ist daher analog auf die allgemeine Leistungsklage anzuwenden[42].

Es muß die Möglichkeit[43] bestehen, daß der Kläger durch die Ablehnung beziehungsweise Unterlassung oder die – wiederholte oder erstmalige – Vornahme eines schlichten Verwaltungshandelns in subjektiv-öffentlichen Rechten verletzt wird.

(1.5.)   Zuständigkeit des Verwaltungsgerichts (§§ 45, 52 VwGO).

(1.6.)   Beteiligtenfähigkeit (§ 61 VwGO)[44].

(1.7.)   Prozeßfähigkeit (§ 62 VwGO)[45].

(1.8.)   Ordnungsmäßigkeit der Klageerhebung.
Form: §§ 81, 82 VwGO.
Frist: Klagefristen bestehen nicht.

(1.9.)   Widerspruchsverfahren
Ein Vorverfahren nach §§ 68 ff. VwGO ist *nicht* durchzuführen.
Beachte aber die Ausnahme in § 126 Abs. 3 Nr. 1 BRRG: Vorverfahren auch bei allgemeinen Leistungsklagen.

(2.)   Begründetheit

(2.1.)   Sachlegitimation der Parteien[46].

(2.2.)   Rechtswidrigkeit der Ablehnung beziehungsweise Unterlassung des schlichten Verwaltungshandelns im Rahmen der Vornahmeklage.
Rechtswidrigkeit der Vornahme eines schlichten Verwaltungshandelns im Rahmen der Unterlassungsklage.

(2.3.)   Verletzung des Klägers in eigenen Rechten.

(2.4.)   Spruchreife[47]
Bei Spruchreife verpflichtet das Gericht den Klagegegner zu Vor-

---

42   BVerwGE 36, 192 (199); E 62, 11 (14); BayVGH, BayVBl. 1981, 499 (503) und 1985, 83 ff.
43   Siehe E.VI.1.a) (1.3.), S. 126 f.
44   Siehe E.VI.1.a.) (1.5.), S. 126 f.
45   Siehe E.VI.1.a) (1.6.), S. 127.
46   Siehe E.VI.1.a) (2.1.), S. 129 f.
47   Siehe E.VI.1.c) (2.4.), S. 133 f.

nahme oder Unterlassen des in Streit stehenden schlichten Verwaltungshandelns.

Fehlt die Spruchreife, so spricht das Gericht analog § 113 Abs. 4 S. 2 VwGO die Verpflichtung aus, den Kläger unter Beachtung der Rechtsauffassung des Gerichts zu bescheiden.

c) Unterlassungsklage

Die Unterlassungsklage kann gerichtet sein entweder auf das Unterlassen schlichten Verwaltungshandelns[48] oder auf das Unterlassen eines bestimmten Verwaltungsakts.

Im letzteren Fall ist sie das negative Gegenteil der Verpflichtungsklage.

Die herrschende Meinung hält sie für zulässig[49].

Ihre Voraussetzungen sind:

(1.) **Zulässigkeit**

(1.1.) Verwaltungsrechtsweg (§ 40 Abs. 1 VwGO)[50]

(1.2.) Klageart:
Unterlassungsklage als Form der Verpflichtungsklage.
Eine besondere Unterlassungsklage ist in der Verwaltungsgerichtsordnung nicht vorgesehen. Jedoch gilt wie im Zivilrecht, daß eine Leistung auch in einem Unterlassen bestehen kann.

(1.3.) Qualifiziertes Rechtsschutzbedürfnis
Die Klage auf Unterlassung eines Verwaltungsakts ist nur zulässig, wenn durch Widerspruch und Anfechtungsklage gegen den Verwaltungsakt ein Rechtsschutz nicht oder nur unzureichend ermöglicht werden könnte, dem Kläger das Abwarten des Verwaltungsakts also nicht zumutbar ist[51].

(1.4.) Klagebefugnis (§ 42 Abs. 2 VwGO)
Es muß die Möglichkeit bestehen, daß der Kläger durch den Erlaß des Verwaltungsakts in seinen Rechten verletzt wird.

(1.5.) Zuständigkeit des Verwaltungsgerichts (§§ 45, 52 VwGO).

---

48 Dazu soeben oben unter E.VI.2.b), S. 138.
49 Nachweise bei: Tschira/Schmitt Glaeser, VerwProzR, S. 175 FN 8.
50 Siehe E.VI.1.a) (1.1.), S. 125f.
51 BVerwG DVBl. 1971, 747.

(1.6.)   Beteiligtenfähigkeit (§ 61 VwGO)[52].

(1.7.)   Prozeßfähigkeit (§ 62 VwGO)[53].

(1.8.)   Ordnungsmäßigkeit der Klageerhebung.
            Form: §§ 81, 82 VwGO
            Frist: Klagefristen sind nicht einzuhalten.

(1.9.)   Ein Widerspruchsverfahren entfällt.

(2.)   Begründetheit

(2.1.)   Sachlegitimation der Parteien.[54]

(2.2.)   Rechtswidrigkeit des Verwaltungsakts im Falle seines Erlasses.

(2.3.)   Verletzung des Klägers in eigenen Rechten durch den zukünftigen
            Erlaß des Verwaltungsakts.

3. Feststellungsklagen (§ 43 Abs. 1 VwGO)

Eine verwaltungsrechtliche Feststellungsklage richtet sich auf die rechtskraftfä-
hige Feststellung des Bestehens (positive Feststellungsklage) oder Nichtbestehens (negative Feststellungsklage) eines verwaltungsrechtlichen Rechtsverhältnisses oder auf die Feststellung der Nichtigkeit eines Verwaltungsakts (§ 43
Abs. 1 VwGO).

Folgende Voraussetzungen sind zu prüfen:

(1.)   Zulässigkeit

(1.1.)   Verwaltungsrechtsweg (§ 40 Abs. 1 VwGO)[55]
            Das zur Überprüfung gestellte Rechtsverhältnis muß verwaltungs-
            rechtlicher Natur sein und darf nicht dem Verfassungsrecht zuzuord-
            nen sein[56].

(1.2.)   Klageart:
            Allgemeine Feststellungsklage (§ 43 Abs. 1 VwGO)

---

52   Siehe E.VI.1.a) (1.5.), S. 126f.
53   Siehe E.VI.1.a) (1.6.), S. 127.
54   Siehe E.VI.1.a) (2.1.), S. 129f.
55   Siehe E.VI.1.a) (1.1.), S. 125f.
56   BVerwGE 14, 235f..

(1.2.1.) Feststellung des Bestehens oder Nichtbestehens eines Rechtsverhältnisses (positive und negative Feststellungsklage).
„Rechtsverhältnis" ist eine konkrete öffentlich-rechtliche Beziehung,
die sich aus einem bestimmten, durch Vorschriften des öffentlichen
Rechts geregelten Sachverhalt ergibt und zwischen mehreren Personen oder einer Person und einem Gegenstand besteht[57].
Auch qualitativ selbständige Teile eines Rechtsverhältnisses sind fest-
stellungsfähig[58].
Die Konkretisierung der Rechtsbeziehung kann insbesondere erfolgen aufgrund Verwaltungsakts, einer Rechtsnorm, eines öffentlich-
rechtlichen Vertrags oder eines schlichten Verwaltungshandelns.
Eine Feststellung von Tatsachen oder Klärung von Rechtsfragen ist
durch die Feststellungsklage nicht zulässig.
Nach herrschender Meinung ebenfalls nicht zulässig ist eine Klage auf
Feststellung der Gültigkeit oder Ungültigkeit einer Rechtsnorm[59].
Hier ist demnach allein die Normenkontrolle nach § 47 VwGO[60] gegeben.

(1.2.2.) Feststellung der Nichtigkeit eines Verwaltungsakts
Die Nichtigkeitsfeststellungsklage bedarf der besonderen Regelung,
weil ein Verwaltungsakt kein feststellungsfähiges Rechtsverhältnis
ist.

(1.3.) Bei Feststellung der Nichtigkeit eines Verwaltungsakts:
Die Nichtigkeit muß plausibel geltend gemacht werden.

(1.4.) Subsidiarität (§ 43 Abs. 2 VwGO)

(1.4.1.) Ausschluß der allgemeinen Feststellungsklage, soweit der Kläger sein
Recht durch Gestaltungs- oder Leistungsklage in gleichem Umfang
durchsetzen kann oder hätte durchsetzen können[61].

(1.4.2.) Keine Subsidiarität der Nichtigkeitsfeststellungsklage (§ 43 Abs. 2
S. 2 VwGO).
Der Kläger kann bis zum Ablauf der Fristen aus §§ 74, 58 Abs. 2

---

57 BGH NJW 1984, 1556; BVerwGE 50, 11 (19).
58 BVerwG DVBl. 1961, 923.
59 BVerwG DÖV 1974, 426f.; Kopp, VwGO, § 43 Rdnr. 14; Stern, Verwaltungsprozessuale Probleme, § 4 VII 1 a, S. 89.
60 Dazu unten unter E.VI.4., S. 145ff.
61 BVerwGE 32, 333 (335); Kopp, VwGO, § 43 Rdnr. 29; Tschira/Schmitt-Glaeser, VerwProzR,
S. 190f. Rdnr. 480ff.

VwGO zwischen Anfechtungs-, Verpflichtungs- und Feststellungs-klage wählen.

(1.5.) Feststellungsinteresse (§ 43 Abs. 1 VwGO)
Das berechtigte Interesse an der baldigen Feststellung des Bestehens oder Nichtbestehens eines Rechtsverhältnisses oder der Nichtigkeit eines Verwaltungsakts (Feststellungsinteresse) ist Ausdruck des allgemeinen Rechtsschutzbedürfnisses.

(1.5.1.) Berechtigtes Interesse ist jedes nach der Sachlage anzuerkennende schutzwürdige Interesse rechtlicher, wirtschaftlicher oder ideller Art[62].

(1.5.2.) Unsicherheit, Unklarheit über das festzustellende Rechtsverhältnis beziehungsweise die Nichtigkeit des Verwaltungsakts.

(1.5.3.) Interesse an *baldiger* Feststellung.

(1.6.) Zuständigkeit des Verwaltungsgerichts (§§ 45, 52 VwGO).

(1.7.) Beteiligtenfähigkeit (§ 61 VwGO)[63].

(1.8.) Prozeßfähigkeit (§ 62 VwGO)[64].

(1.9.) Ordnungsmäßigkeit der Klageerhebung.
Form: §§ 81, 82 VwGO.
Frist: Die Feststellungsklage ist unbefristet.

(1.10.) Ein Widerspruchsverfahren entfällt.

(2.) Begründetheit

(2.1.) Sachlegitimation der Parteien.

(2.1.1.) Aktivlegitimiert ist derjenige, der ein berechtigtes Interesse an der baldigen Feststellung hat (§ 43 Abs. 1 VwGO).

(2.1.2.) Passivlegitimiert ist bei der positiven Feststellungsklage derjenige, der das Bestehen eines Rechtsverhältnisses bestreitet, bei der negativen Feststellungsklage derjenige, dem gegenüber der Kläger das Bestehen eines Rechtsverhältnisses bestreitet.
Dabei kann das Rechtsverhältnis auch zwischen dem Beklagten und dritten Personen oder Sachen bestehen.

---

62 H. M.; siehe Kopp, VwGO, § 43 Rdnr. 23.
63 Siehe E.VI.1.a) (1.5.), S. 126f.
64 Siehe E.VI.1.a) (1.6.), S. 127.

Passivlegitimiert bei der Nichtigkeitsfeststellungsklage sind die Klagegegner gemäß § 78 Abs. 1 VwGO[65].

(2.2.) Bestehen des Rechtsverhältnisses (positive Feststellungsklage) oder Nichtbestehen des Rechtsverhältnisses (negative Feststellungsklage) oder Nichtigkeit des Verwaltungsakts (Nichtigkeitsfeststellungsklage).

4. Normenkontrollverfahren (§ 47 VwGO)

Das Oberverwaltungsgericht (OVG) beziehungsweise der Verwaltungsgerichtshof (VGH) (§ 184 VwGO) entscheidet auf Antrag
– gemäß § 47 Abs. 1 Nr. 1 VwGO über die Gültigkeit von Satzungen, die nach den Vorschriften des Baugesetzbuches (BauGB) erlassen worden sind, sowie über Rechtsverordnungen aufgrund des § 246 Abs. 2 BauGB; es handelt sich dabei um die wichtigsten untergesetzlichen Normen des Bauplanungsrechts;
– gemäß § 47 Abs. 1 Nr. 2 VwGO über die Gültigkeit von anderen im Rang unter dem Landesgesetz stehenden Rechtsvorschriften, wenn das Landesrecht diese Zuständigkeit durch formelles Gesetz bestimmt.
Die verwaltungsgerichtliche Normenkontrolle für untergesetzliche landesrechtliche Normen haben durch Regelung in den Ausführungsgesetzen zur Verwaltungsgerichtsordnung eingeführt: Baden-Württemberg (§ 5), Bayern (Art. 5), Bremen (Art. 7), Hessen (§ 11), Niedersachsen (§ 9), Rheinland-Pfalz (§ 4) und Schleswig-Holstein (§ 5 a).
Berlin, Hamburg, Nordrhein-Westfalen und das Saarland kennen keine verwaltungsgerichtliche Normenkontrolle.

Das Verfahren nach § 47 VwGO ist in erster Linie *objektives Beanstandungsverfahren*. Es wird deshalb auch abstrakte Normenkontrolle genannt.
Es bietet aber insoweit auch einen *subjektiven Rechtsschutz*, als es nur auf Antrag natürlicher und juristischer Personen eingeleitet wird (§ 47 Abs. 2 S. 1 VwGO).

Die Voraussetzungen der Normenkontrolle nach § 47 VwGO sind im einzelnen

(1.) **Zulässigkeit**

(1.1.) Verwaltungsrechtsweg (§ 40 Abs. 1 VwGO)
Es muß eine Vorschrift zur Überprüfung gestellt sein, bei deren Vollzug verwaltungsrechtliche Streitigkeiten entstehen können oder

---

65 Siehe E.VI.1.a) (2.1.1.) und (2.1.2.), S. 129.

deren Inhalt öffentlich-rechtlicher Natur und dem Verwaltungsrecht zuzurechnen ist.

(1.2.) Verfahrensart:
Normenkontrolle gemäß § 47 VwGO.

(1.2.1.) § 47 Abs. 1 Nr. 1 VwGO:
Satzungen nach dem BauGB sowie Rechtsverordnungen aufgrund § 246 Abs. 2 BauGB.
Für diese Normen gilt das Verfahren der Normenkontrolle bundeseinheitlich.

(1.2.2.) § 47 Abs. 1 Nr. 2 VwGO: Rechtsvorschriften im Rang unter dem Landesgesetz.
Überprüfbar sind, wenn das Landesrecht es bestimmt, Rechtsverordnungen und Satzungen, also Normen mit Außenwirkung mit Ausnahme formeller Gesetze.
Es muß sich um *Landes*recht handeln.

(1.2.3.) Rechtsgültigkeit der Norm
Die zu überprüfende Rechtsnorm muß bereits erlassen und noch nicht außer Kraft gesetzt sein.

(1.3.) Antrag auf Feststellung der Ungültigkeit einer Rechtsvorschrift nach § 47 Abs. 1 Nr. 1 und 2 VwGO (§ 47 Abs. 1 VwGO).
Die Vorschrift muß genau bezeichnet werden.
Gemäß § 81 Abs. 1 VwGO analog bedarf der Antrag der Schriftform.

(1.4.) Antragsbefugnis (§ 47 Abs. 2 S. 1 VwGO)
Antragsbefugt ist jede Behörde und jede natürliche oder juristische Person, die durch die Rechtsnorm oder deren Anwendung einen Nachteil erlitten hat oder in absehbarer Zeit zu erwarten hat.

(1.4.1.) Natürliche und juristische Personen müssen ein qualifiziertes Rechtsschutzbedürfnis für sich in Anspruch nehmen können.

(1.4.1.1.) Der angesprochene Nachteil muß tatsächlich vorliegen oder zu erwarten sein.
Die herrschende Meinung in der Rechtsprechung bezieht den Begriff „Nachteil" auf ein rechtlich geschütztes Interesse[66].
Die Literatur stellt überwiegend in Anlehnung an die Feststellungs-

---

66 BVerwGE 56, 172 (175); E 64, 77 (80); auch E 59, 87 ff.

klage nach § 43 Abs. 2 VwGO auf den Eingriff in „berechtigte Interessen" ab[67].

(1.4.1.2.) Der Antragsteller muß durch den Nachteil selbst betroffen sein.

(1.4.1.3.) Liegt der Nachteil bereits vor, so ist die Möglichkeit eines Nebeneinanders von Anfechtungs- und Verpflichtungsklage sowie Normenkontrolle gegeben.
Ein Nachteil ist in absehbarer Zeit zu erwarten, wenn er mit hinreichender Gewißheit in naher Zukunft droht, sodaß der Antragsteller bei aller Vorsicht nicht mehr länger mit dem Antrag nach § 47 Abs. 1 VwGO warten kann[68].

(1.4.2.) Alle Behörden sind antragsbefugt. Ein besonderes Rechtsschutzbedürfnis muß für sie nicht nachgewiesen werden.

(1.5.) Zuständigkeit des OVG (oder VGH) gemäß § 47 Abs. 1 VwGO.

(1.6.) Beteiligtenfähigkeit
§ 47 Abs. 2 S. 1 VwGO erweitert die Beteiligtenfähigkeit gegenüber § 61 VwGO[69] auf alle Behörden ohne besondere Regelung durch das Landesrecht.

(1.7.) Prozeßfähigkeit (§ 62 VwGO)[70].

(1.8.) Antragsfristen sind nicht gegeben.

(1.9.) Ein Widerspruchsverfahren entfällt.

Der Normenkontrollantrag hat keine aufschiebende Wirkung (Schluß aus § 80 Abs. 1 VwGO).

(2.) **Begründetheit**

(2.1.) Sachlegitimation von Antragsteller und Antragsgegner.

(2.1.1.) Aktivlegitimiert ist derjenige Antragsteller, der die Voraussetzungen des § 47 Abs. 2 S. 1 VwGO tatsächlich erfüllt.

(2.1.2.) Passivlegitimiert ist nach § 47 Abs. 2 S. 2 VwGO die Körperschaft, Anstalt oder Stiftung, die die Rechtsvorschrift erlassen hat.

---

67 Nachweise bei: Tschira/Schmitt Glaeser, VerwProzR, S. 237 FN 25.
68 Eyermann Fröhler, VwGO, § 47 Rdnr. 31.
69 Siehe E. VI. 1.a) (1.5.), S. 126f.
70 Siehe E. VI. 1.a) (1.6.), S. 127.

(2.2.)   Rechtswidrigkeit und damit Ungültigkeit der Rechtsvorschrift.
          Die Prüfung im einzelnen ist bereits oben unter E.III.2. (2.)[71] erläutert worden.

(2.3.)   Möglichkeit der Aussetzung des Verfahrens nach § 47 Abs. 4 VwGO.

(2.4.)   Pflicht zur Vorlage beim Bundesverwaltungsgericht gemäß § 47 Abs. 5 VwGO.

(2.5.)   Die Entscheidung des OVG (oder VGH) durch Urteil oder Beschluß (§ 47 Abs. 6 S. 1 VwGO).
          Feststellung der Nichtigkeit der Rechtsvorschrift; bei Unterlassen des Normgebers Feststellung ihrer Rechtswidrigkeit (§ 47 Abs. 6 S. 2 1. HS VwGO). Allgemeinverbindlichkeit der Entscheidung (§ 47 Abs. 6 S. 2 2. HS VwGO) unter der Voraussetzung der Veröffentlichung der Entscheidungsformel durch den Antragsgegner (§ 47 Abs. 6 S. 2 2. HS VwGO).
          Irrevisibilität der Entscheidung des OVG (VGH) (§ 136 VwGO).

---

71   S. 109f.

F. Schriftliche Ausarbeitung des Gutachtens

Es sollen nochmals die Punkte zusammengefaßt werden, die für die schriftliche Ausarbeitung der Klausur oder Hausarbeit von Bedeutung und erfahrungsgemäß Gegenstand fehlerhafter Prüfung sind.

I.

Die in diesem Band vorgelegten Schemata und Aufbauhinweise sind nur Anleitungen zur Fallösung.
Jeder Fall erfordert eine individuelle Bearbeitung, für die die erwähnten Schemata nur einen Leitfaden darstellen.

II.

Es darf nur das wirklich Relevante in der Fallbearbeitung angesprochen werden, sowohl bei der Prüfung der Zulässigkeitsvoraussetzungen eines Rechtsbehelfs als auch im Rahmen der Begründetheitsprüfung.

III.

Die Darstellung ist möglichst präzise und knapp zu jedem Punkt vorzunehmen.

IV.

Längere Ausführungen sind nur zu zweifelhaften Punkten erlaubt.

V.

Es ist nicht alles niederzuschreiben, was in die skizzenhafte Gliederung *vor* Erstellen der Klausur oder Hausarbeit Eingang gefunden hat.

VI.

Bei der Lösung ist von der Fragestellung auszugehen. Nach ihr sind die zu behandelnden Schwerpunkte zu beurteilen.

VII.

Bei der Fallösung handelt es sich um ein Gutachten, nicht um ein Urteil! Auf die Darstellung aller Lösungsmöglichkeiten des Falles ist daher zu achten.

VIII.

Kommt der Bearbeiter bei der Zulässigkeitsprüfung zu dem Ergebnis, daß eine Zulässigkeitsvoraussetzung fehlt, so hat er dennoch in einem Hilfsgutachten die Begründetheit zu prüfen und dabei das Vorliegen des betreffenden Zulässigkeitspunkts zu unterstellen.

IX.

Der gewählte Lösungsaufbau darf in der Bearbeitung nicht noch zusätzlich begründet werden. Er muß so deutlich sein, daß er den Leser aus sich heraus durch den Fall leitet.

X.

Grundsätzlich ist im Gutachtenstil zu formulieren. Im Interesse einer übersichtlichen Lösungsfolge muß er jedoch nicht ausnahmslos eingehalten werden. In unstreitigen Punkten der Fallösung kann daher auch der Urteilsstil verwandt werden. So heben sich sogar wichtige und weniger problematische Lösungsteile besonders voneinander ab und fördern das Verständnis für den Gang der Bearbeitung.
Das Benutzen des Gutachtenstils ohne zu häufige Wiederholungen in der Einleitung der Prüfung zu jedem relevanten Punkt wird vom Leser dankbar angenommen!

XI.

Der Stil der Ausarbeitung hat von emotionellen, verstärkenden oder nur füllen-
den Ausdrücken frei zu sein. Die gefundene Lösung ist sachlich zu begründen.
Zitate sind in Klausuren unangebracht. In Hausarbeiten haben sie den Sinn
nachzuweisen, inwieweit die Meinung des Bearbeiters in Literatur und Rechtsprechung geteilt wird beziehungsweise welche abweichenden Meinungen es
gibt.
Aus Zitaten kann man eine Meinung, eine Behauptung oder ein Resultat der
Prüfung nicht belegen!

XII.

Muß zu einer streitigen Rechtsfrage in der Lösung Stellung bezogen werden, so
dürfen die einzelnen Meinungen dazu nicht wahllos aneinandergereiht dargestellt werden.
Sie sind vielmehr zu gruppieren, einzeln oder je Gruppe zu bewerten und je
nach Bewertung für die Entwicklung der eigenen Meinung auszusondern oder
heranzuziehen. Die eigene Meinung kann dann identisch sein mit einer der
zuvor untersuchten Auffassungen, wenn diese für schlüssig befunden wurde. Es
kann aber auch eine eigenständige Meinung entwickelt werden, die Teile der
erörterten Auffassungen „verarbeitet".

Die in Band 2 enthaltenen Fälle mit Musterlösung veranschaulichen die hier
abstrakt dargestellten und nochmals zusammengefaßten Fragen der Fallbearbeitungsmethodik und setzen sie in die praktische Fallösung um.
Band 2 ist also in engem Zusammenhang mit Band 1 konzipiert und daher als
seine Ergänzung zu verstehen und durchzuarbeiten.